Lo que la gente opina s

"Enfrentando la Discapacidad y el Deterioro Físico"

"Este manual nos ayuda a pensar en nuevas perspectivas sobre cómo enfrentar la discapacidad las pérdidas asociadas. El simple hecho de formular preguntas que no tienen respuestas claras, nos permite reflexionar y contribuye a profundizar sobre el tema y, por tanto, fortalecer su comprensión. Si mal no recuerdo hay un dicho que dice: "si no te ayudas a ti mismo, nadie podrá hacerlo por ti."
-Beni R. Jakob, Ph D, Fundación Israelí contra la Artritis (INBAR)

"Ritter presenta un valioso plan de auto ayuda para quien sufre de alguna discapacidad, mostrándole al lector cómo encontrar el apoyo mental, emocional y espiritual tan necesario para la recuperación.
-Georgiann Baldino, autor y moderador de grupos de apoyo para personas con cáncer

"Las personas , incluso algunos profesionales del área de salud mental,-erróneamente asumen que el pesar o la pena solamente aparece como reacción a la pérdida de un ser querido. Sin embargo, el pesar es una respuesta mucho más universal. La pérdida de nuestros movimientos o integridad física ("deterioro físico") nos causa aflicción y distorsiona nuestra autoimagen. Por otra parte, el rechazo y el horror que la discapacidad despierta en otros, solo acentúa la sensación de pérdida y la baja autoestima en las victimas.

Este libro se organiza en función de un determinado grupo de preguntas diseñadas para ayudar a la persona a superar traumas. Ha sido creado sobre la base de experiencias tenidas con más de 100 pacientes, su contenido es franco y estructurado y su progresión lógica y transparente. El paciente o cliente es persuadido para que enfrente su condición y predicamento sinceramente y con honestidad, usando todos los recursos de los que dispone –incluyendo a su familia, amigos y entorno social-, para poder vencer la depresión, la rabia y la impotencia que siente.

Aún siendo delgado, este manual será indispensable para personas con discapacidades y el deterioro físico asociado, para sus seres queridos y para el personal médico, sicoterapeuta y terapeutas especializados en asuntos de pesar y pérdida."
Sam Vaknin, Ph.D., autor de *Malignant Self Love: Narcissism Revisited*

"Rick Ritter' captura la intensidad del dolor que acompaña la discapacidad y el deterioro físico. El formato de este libro sin duda inspirará un sentimiento de fortaleza y de poder para quien se sienta desesperanzado con esta situación."
- Rev. James W. Clifton, Ph.D., LCSW

"Encontré a este manual muy útil para cuando hay que enfrentar los diferentes aspectos de la pérdida de movilidad y el deterioro físico. Los ejemplos que usa el autor son pertinentes y ayudarán a quienes pasan por situaciones similares. Recomiendo este manual para quien está tratando de recuperarse de experiencias de trauma y para quien está tratando de ayudar en la recuperación de un ser querido".
- S.V Swamy, Sanador Holista y editor de *"Homeopathy For Everyone"*

"Este manual, es más que un grupo de ejercicios,. Es una inspiración, una guía y, en algunos casos, puede llegar a ser un salvavidas. El autor, quien también ha sufrido y superado serios problemas físicos, no es solamente es un "experto" diciéndonos qué hacer, sino que es un guía que ha experimentado esto en su propia vida. Una gran parte de mi trabajo se trata del tratamiento de problemas de dolor crónico y este manual será valiosísimo para mis clientes".
- Robert Rich, Ph.D. autor de *"Cancer: A Personal Challenge"*

> *"El ser lo que somos,*
> *y el convertirnos en lo que somos capaces de ser,*
> *es la única finalidad de la vida"*
>
> —Robert Louis Stevenson (June 1880)

Coping with
Physical Loss and Disability

A Workbook

Spanish Language Edition

~ ~ ~

Enfrentando la Discapacidad y el Deterioro Físico:

Un Manual

Por Rick Ritter, MSW

Traducción de Ana Stevenson, LISW

Ilustraciones Adicionales de Tyler Mills

Serie Nuevos Horizontes en Terapia

Coping with Physical Loss and Disability: A Workbook, Spanish Language Edition
Enfrentando la Discapacidad y el Deterioro Físico: Un Manual

First Edition 2014
Primera edición enero del 2014

Library of Congress Cataloging-in-Publication Data
Rick Ritter, 1948-
Enfrentando la Discapacidad y el Deterioro Físico: Un Manual / por Rick Ritter.– 1era. Edición
p. cm.– (Serie Nuevos Horizontes en Terapias)
Incluye referencias bibliográficas e indice.
ISBN-13: 978-1-61599-232-4 (pbk. :alk. paper)
1.- Grief therapy—Handbooks, manuals etc. 2.- People with disabilities—Mental health—Handbooks, manuals. Etc. 3.- People with desabilities– Psychology—Handbooks, manuals. 4.- Loss (Psychology)– Handbooks, manuals, etc I. Title. II. Series.
RC455.4.L67R58 2006
362.4—DC22
2005024924

Distribuido por: Baker & Taylor, Ingram Book Group, New Leaf Distributing

Publicado por:
Loving Healing Press,
5145 Pontic Trail,
Ann Arbor, MI 48105
USA

htpp//www.LovingHealing.com or

info@LovingHealing.com

Fax +1 734 663-6861

Tollfree 888-761-6268 (CAN, USA, PR, VI)

> "Tantos de nuestros sueños en un principio parecen imposibles, luego parecen improbables, pero finalmente, cuando convocamos nuestra voluntad, se vuelven inevitables."
>
> —Christopher Reeve, Agosto 26, 1996
> (Actor, Director, Filántropo, también cuadrapléjico)

Serie Nuevo Horizonte en Terapias

- **Got parts (Tienes partes)? Una guía para manejar con éxito la vida con Desorden Disociativo de la Identidad, por ATW**
- **Enfrentando la Discapacidad y el Deterioro Físico, por Rick Ritter, MSW**
- **Coping with Physical Loss and Disability, by Rick Ritter, MSW (English)**

Sobre el editor de nuestras series, Robert Rich, Ph.D

Loving Healing Press se complace en nombrar a Robert Rich, Ph.D como editor de nuestra serie Nuevos Horizontes en Terapia. Esta nueva e interesante serie ofrecerá en formato de auto-ayuda, con teoría y aplicación práctica, lo mejor de las terapias tipo *person-centered* (persona al centro).

Robert Rich, M.Sc, Ph.D, M.A.PS., A.A.S.H. es un sicólogo clínico de mucha experiencia, cuya página web www.anxietyanddepression-help.com es una colección de información muy útil para personas que sufren de desordenes de ansiedad y depresión.

Bob es también un escritor premiado de obras de ficción y no-ficción, y un editor profesional. Sus escrituras se demuestran en www.bobwriting.com. Advertimos que debe tener mucho tiempo libre para visitar esta página para abandonarse en su interesante lectura.

Tres de sus libros son herramientos de sicología de auto-ayuda: *Anger and Anxiety: Be in charge of your emotions and control phobias*, *Personally Speaking: Single session email teraphy*, y *Cancer: A Personal Challenge*. Su filosofía y su conocimiento de sicología se reflejan en todas sus obras, tal vez esta es la razón para que tres de sus libros han ganado premios internacionales, y el he ganado muchos premios menores. Dr. Rich actualmente reside en Wombat Hollow, en Australia.

Acerca de la portada

La portada muestra la imagen de una mujer adulta captada por un scanner en 3-D, luego traducida como una superficie poligonizada por Imageware 12. Una textura de fondo tipo mármol rojo representa fisuras y deterioro en su cuerpo. Una cubierta texturizada en acero transparente cubre su cuerpo, que -viéndose más como un reflejo- representa la capacidad de resiliencia del espíritu. El azul del cielo y las nubes altas sobre un día despejado, representan la posibilidad de esperanza y de mejoría.

Un agradecimiento especial para www.BigFoto.com, una agencia de fotografía que no cobra derecho de autor, por permitirnos el uso gratuito de todas sus fotografías (con enlace o referencias), y por el uso de la imagen del cielo azul de la portada.

El Director creativo de la portada fue Victor R. Volkman.

Índice de Materias

Índice de gráficos

Prefacio

Durante el desarrollo de las preguntas de este manual he recibido la ayuda de una variedad de personas. Debo darle crédito a Enid Traisman, MSW, autora de muchos diarios sobre el pesar o la pena, que con el tiempo -al ir usándolos con mis clientes- me hicieron reflexionar sobre el tema del deterioro físico y las pérdidas asociadas. En varias ocasiones he modificado el contenido de estos diarios y editado el texto en orden de adaptarlo a las necesidades específicas para clientes con pérdidas físicas. Por osmosis también me beneficié del proceso, ya que en esa época estaba teniendo las últimas dos de trece operaciones a las rodillas, que una vez más alteraban mis capacidades físicas. Además de esto, había sido diagnosticado con asma, lo que también empeoraba mi condición física.

Las preguntas fueron evolucionando al ir explicándole a mis clientes lo que significaba esto o aquello, un proceso que duró años.

Al principio me desanimó el hecho de no encontrar ningún recurso en el mercado que encarara el problema del deterioro físico, sin embargo luego me animé al darme cuenta que tal vez yo podría desarrollar algo para ayudar el proceso de recuperación de personas con diferentes tipo de deterioro físico. Muchas de estas pérdidas son no reconocidas, invisibles, o atribuidas al propio proceso de la vejez. Claro que esta invisibilidad es un fenómeno que también afecta a muchos otros tipos de pérdidas.

Existen muchos aspectos del deterioro o la pérdida de la capacidad física, pero miremos rápidamente dos de los aspectos más críticos: la edad de inicio de la condición y la manera en la que el deterioro o la pérdida ocurre. Por ejemplo, las dificultades que una persona joven enfrenta cuando recibe un marcapasos a los quince años, o un transplante de corazón a los dieciséis, es algo inimaginable para muchos de nosotros. La manera en que ocurre, ya sea cómo una enfermedad debilitante o un trauma súbito, directamente impacta la manera en que percibo mi propia pérdida y cómo la perciben los demás, sean ellos familiares, amigos o vecinos.

He usado este manual con más de cien clientes durante estos últimos diez años, y lo he compartido con otros terapeutas de todo el país. Incluso se lo he mandado por correo a personas que están trabajando en su recuperación y que, al saber del manual, me pidieron una copia. Por lo tanto me complace mucho ofrecer esta edición a través de Loving Healing Press, con la esperanza de llegar a otras personas que quieren recuperarse. Quisiera también reconocer el trabajo de Tyler Mills que hizo la mayoría del arte gráfico de este volumen.

La edición en español de Enfrentando la Discapacidad y el Deterioro Físico ha sido posible gracias al esfuerzo de Ana y Alejandra Stevenson. Ana tradujo y Alejandra editó este manual con sensibilidad y profesionalismo. Debido a su generoso espíritu hoy podemos ofrecer este material en español. Rick y yo estaremos eternamente agradecidos.

Rick Ritter, Autor
Bob Rich, Editor
1º de Marzo, 2006

¿Qué es un deterioro físico?

El deterioro físico es el resultado de un daño o lesión física –es una reducción en la capacidad de ser o hacer de la persona. Esto puede suceder como fruto de una declinación gradual, o puede ser instantáneo, como en el caso de un accidente traumático. El deterioro físico se entiende como la destrucción irremediable de la capacidad física.

Existen varios grados de deterioro físico:

- Pérdida parcial de funcionamiento – La capacidad física está parcialmente reducida.

- Pérdida total de funcionamiento – Incapacidad física severa o casi total.

- Daño de la autoimagen – Estar privado de lo que algún día tuvimos.

El deterioro físico viene acompañado de una reacción emocional basada en el pesar o pena, que puede estar en proceso o estancada, sin moverse.

Una lista parcial de los tipos de deterioros o pérdidas, podría incluir:

- Sensorial: Audición, visión, tacto, etc.

- Resultado físico directo de una lesión traumática: cicatrices, quemaduras, amputaciones, deficiencias en el habla, aplopejías o derrames cerebrales, enfermedades progresivas.

- Enfermedad: Ya sea un resultado directo de la enfermedad o de su tratamiento: VIH, cáncer, diabetes, hepatitis, distrofía muscular, esclerosis múltiple y lupus, por nombrar sólo algunas.

- Secuelas de un tratamiento quirúrgico: mastectomía, colostomía, radiación, quimioterapia, implantes ortopédicos, problemas de reproducción, y caída del pelo.

- Resultado físico indirecto: degeneración muscular, tendencia a la obesidad, pérdida de energía, movilidad e independencia.

El deterioro previamente mencionado, viene como consecuencia de alguna de las siguientes enfermedades: diabetes, cáncer, lesiones traumáticas, enfermedades neuromusculares, lupus, enfermedades de la piel, quemaduras, cirujías, embolias, derrames cerebrales, ataques al corazón, envejecimiento, y abuso o negligencia.

El impacto que tiene este deterioro sobre las personas y su entorno es enorme. Desafortunadamente las actitudes y puntos de vista más comunes frente el tema son de tratarlo como algo sin importancia o invisible. Es así como a menudo pensamos que la recuperación de la persona puede estar completa y asumimos que no hay nada más que hacer. Sin embargo, generalmente la recuperación se completa solo cuando existe existe un trabajo a nivel emocional, sicológico y espiritual.

Junto con el deterioro físico viene la pérdida de los sueños y de las expectativas de vida. Y si no se llega a un buen nivel de recuperación las consecuencias, también en este ámbito, para la persona y su mundo son incalculables. En otras palabras, es importante que el deterioro o pérdida de la capacidad física sea tratado de manera holística, de lo contrario la persona podrá sufrir daños emocionales y caer en un estado de estrés crónico, lo que podría empeorar el deterioro físico y comprometer el sistema inmunológico.

Comenzando

A veces es algo surrealista revisar el escenario de nuestras vidas, incluyendo los incidentes que causaron la pérdida de nuestra capacidad física y las subsecuentes cirujías, tratamientos y rehabilitaciones por las cuales hemos pasado. Diariamente tenemos que vivir con los resultados (temporales o permanentes) de la variedad de pérdidas que hemos sufrido. Este trabajo -del cual este manual es la culminación- le asistirá y apoyará en su esfuerzo por lograr la mayor recuperación posible de cualquier pérdida sufrida. No hace diferencia que tipo de pérdida, o si los otros la ven o no como tal, lo importante es el cambio que ha ocurrido en su vida y la vida de la gente que le rodea.

Le aseguro que hay cosas que podemos hacer para aprender a vivir con nuestras pérdidas, y no hay duda de que alcanzar nuestro más alto potencial y recuperar una buena calidad de vida es lo mejor para nosotros. No podemos permitirnos acarrear en nuestras vidas las pesadas secuelas emocionales que pueden dejarnos nuestras experiencias, especialmente porque vivimos una realidad muy exigente y estresante. La posibilidad de elegir resistir y recuperarnos, nos permite existir y seguir adelante con nuestras vidas.

Antes de leer este manual, elija al menos tres personas importantes para usted con quienes puede compartir este trabajo, y acompañarlo en el camino de su recuperación. Tres personas es el número mínimo, pero pueden ser más las que elija para que lo acompañen en su compromiso personal con la recuperación.

Aún cuando este manual está diseñado para escribir en él mientras va explorando su camino, no necesita limitarse solamente a estas páginas. Puede usar como complemento un archivador o un diario de vida para escribir sus observaciones o descubrimientos.

1 Pasado y Futuro

Muchas de sus frustraciones y malos entendimientos surgen de mezclar nuestro pasado con el futuro. En este capítulo, explorará su actitud frente a esta situación.

Al intentar describir a una persona debemos considerar cuatro áreas generales: la emocional, la mental, la física y la espiritual. Estas son importantes e interactúan de manera bastante compleja.

Cuando usted ha vivido una pérdida traumática de su capacidad y/o sufrido un deterioro físico, el impacto de esto en su vida va a depender de las emociones y pensamientos que surjan en usted, y de la manera cómo entienda su lugar en el universo.

Steve nació sin una discapacidad aparente, pero cuando niño fue diagnosticado con una distrofia muscular, y a los 11 años ya estaba relegado a una silla de ruedas. Se puede decir que Steve creció con su discapacidad ya que se la diagnosticaron a temprana edad. Eventualmente Steve perdió todos sus pares, que sea los amigos que había conocido a través de la Asociación de Distrofia Muscular (en inglés MDA), ya que él los sobrevivió a todos por bastantes años. Steve finalmente murió a los 29 años debido a complicaciones de su enfermedad, y del VIH del que se había infectado a causa de una de las transfusiones de sangre que le hicieron en una cirugía para implantarle una vara en la espalda. A pesar de todo lo que le tocó vivir, Steve tuvo una vida relativamente feliz a pesar de sus limitaciones.

Mike era un joven con mucha rabia con el que trabajé a pedido de su esposa y del personal médico que lo ayudaba. El problema era que -en su profunda rabia y amargura- Mike los maltrataba a todos. Cuando él tenía veintitantos años se quebró el cuello jugando a las luchas con un amigo en el patio de su casa. Instantáneamente quedó cuadraplégico ("quad") y de ser un hombre sano que trabajaba reparando techos, se convirtió en un joven amargado, atrapado en su cuerpo, postrado en una cama de hospital rodeado de equipos médicos y dependiendo de los otros para todas sus necesidades. Su hijita de cinco años en una ocasión le enrostró sin querer su condición, cuando a un regaño suyo le respondió burlona con un, "no tengo porqué obedecerte más –ya no puedes alcanzarme". En un principio él no sabía cómo manejar todas sus emociones, pero con el tiempo ha moderado su forma de reaccionar y se ha esforzado, dentro de sus limitaciones, por mejorar la forma en que le responde a los otros.

Larry se convirtió en un "quad" cuando él y su amigo conducían bajo la influencia del alcohol. Su amigo murió y él quedó cuadraplégico. Su vida cambió de tener su propio negocio y de ser un jinete que cuidaba de sus caballos y un motociclista que hacía MotoCross, a estar relegado en una cama y, con el tiempo, a una silla de ruedas motorizada. Aterrorizaba a toda su familia por igual, desde la cama o desde la silla. Yo ví cuando él acorralaba a su hija adolescente contra la pared con la silla de ruedas. Él aún se aferraba a la idea de que era el rey de su gallinero, y usaba cualquier medio para controlar a los que lo rodeaban. Cuando le tocaba estar en público se enfrentaba a las miradas y a las preguntas de los niños, lloraba y, sin embargo muy luego volvía a ser el hombre rabioso y amargado de antes. Nadie podía llegar a él, y él nunca hizo un trabajo interno que le permitiera superar su rabia y su sentido de culpa frente a su situación. Murió bastante solo ya que la mayoría de las personas le habían dado la espalda.

Mike ha logrado empezar a procesar su rabia, pero Larry dejó que esta lo consumiera y lo destruyera así como la relación que tenía con su familia y amigos.

Para desarrollar cada uno de los ejercicios en este manual es muy importante considerar los cuatro aspectos de un ser humano: emocional, mental, físico y espiritual.

1-1. ¿Quién soy yo hoy? Esta pregunta requiere que usted describa, usando palabras, dibujos, un collage, pintura, cerámica, movimiento o cualquier otra forma de expresión con la que se sienta cómodo, o pueda usar. Elija por lo menos dos métodos para responder esta pregunta. La creatividad revela mucha información útil sobre la persona. La terápia de arte se basa en la creencia que el proceso creativo es saneador y enriquecedor[1]. **En esta y todas las otras preguntas de este manual considere que el "yo" al que nos referimos es su yo emocional, mental, físico y espiritual. Considere estos cuatro aspectos de sí mismo al responder cada pregunta.**

---

[1] Para más información sobre Terapia de Arte, por favor visite la American Art Therapy Association en la página web http://www.arttherapy.org/

1-2. Al mirar hacia atrás, ¿cómo se ve a sí mismo antes de haber sufrido la pérdida de capacidad que hoy tiene?

Use la misma técnica del primer ejercicio. Sin embargo, no saque los recuerdos simplemente de su memoria. Antes de empezar cierre sus ojos, respire calmadamente, y "vuelva" a como las cosas eran entonces.

1-3. ¿En quién podría convertirse? Esta pregunta es difícil para algunas personas. Si este es su caso, pregúntele a otras personas que le conocen bastante bien, esto le dará un punto de partida. (También puede seguir adelante y volver a esta y otras preguntas para responderlas de una forma más completa al ir avanzando en el manual)

1-4. ¿Cuáles son actualmente sus capacidades? Esto incluye actividad física, trabajo y relaciones personales.

1-5. ¿Qué limitaciones tiene actualmente? Incluye las áreas física, emocional, mental y espiritual de su vida.

1-6. De las dos preguntas previas, ¿cuál le requirió más efuerzo y tuvo que pensar más, y por-qué?

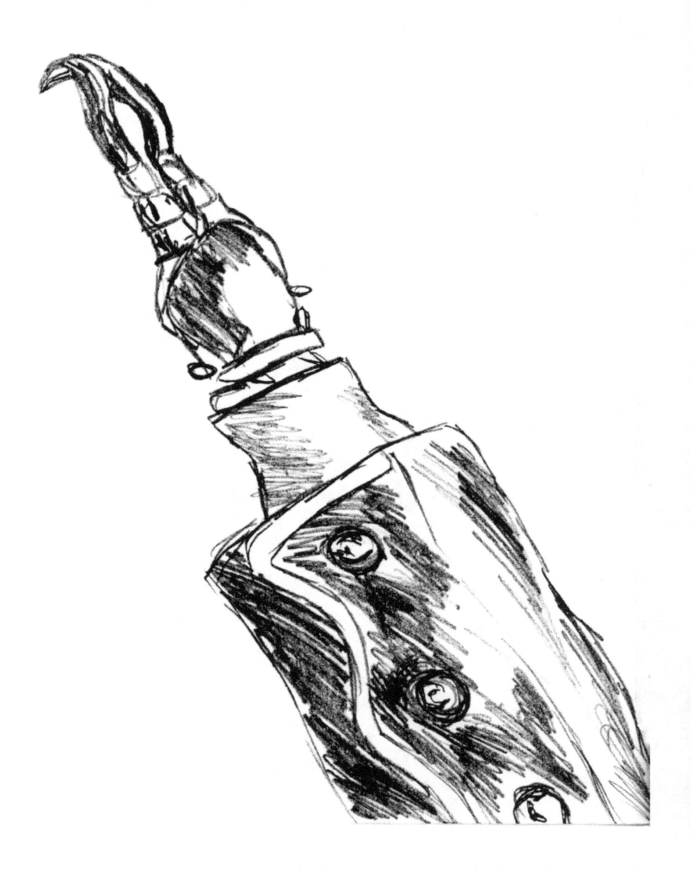

2 Autocuidado y apoyos

El cuidado de sí mismo y su sistema de apoyo son dos de los factores que más contribuyen al éxito y a su calidad de vida. En este capítulo examinaremos nuestras opciones con y sin la presencia de estos factores.

Cuando Pam era más joven (20-30 años) sufrió quemaduras severas en todo su cuerpo al estar haciendo una fogata con los restos de su huerta, en un día ventoso de final de temporada. Las quemaduras fueron de 3er grado y cubrieron un 40% de su cuerpo. Debido a ellas tuvo que usar una malla protectora durante más de un año sobre todo su cuerpo. Aún cuando parecía una situación imposible para cualquiera, Pam continuó siendo una buena madre para sus tres hijos, trabajando y prosperando en su vida. Pam contaba con un excelente sistema de apoyo familiar y de sus amigos. Ella sobrevivió, para así poder ser una buena mamá y una buena trabajadora y aprendió tanto de su experiencia, que hoy continúa siendo una persona muy resistente ante la adversidad.

Juanita tiene un tipo de Esclerosis Múltiple[1] y vive en casa sin poder levantarse de su cama. Su esposo se divorció a ella cuando finalmente le dieron el diagnóstico correcto (lo que tomó varios años) y desde entonces él ha mantenido a su hijo de 10 años lejos de ella. Ella no puede levantarse de la cama y vive sola. Mientras su capacidad física se deterioraba, sus amigos y familiares fueron desapareciendo de su vida hasta el punto en que hoy ella es una mujer sola, rabiosa y amargada. La mayoría de la gente que la conoce no la visita, ni la saca a ningún lado porque es muy complicado. Antes y después de su diagnostico, casi no contado con un sistema de apoyo y esto ha afectado su calidad de vida se ha visto afectada por lo mismo.

Bob volvió de Viet Nam como una persona quebrada, física y espiritualmente. No tengo espacio suficiente para contar toda su historia, pero al ser víctima de una amputación recibió el apoyo instantáneo de su padre, quien también había perdido una pierna durante la segunda guerra mundial. A veces, el apoyo que recibimos no se equipara con las pérdidas asociadas a nuestra pérdida inicial. Por ejemplo, el hijo de Bob murió más tarde en un accidente de trabajo y su hija está muriendo hoy de esclerosis múltiple. Hoy, él está impotente frente a la lenta muerte de su hija, lo que le reabre sus viejas heridas emocionales. A veces es difícil encontrar el apoyo que necesitamos para superar todo lo que nos pasa a lo largo de la vida. Por suerte Bob utilizó el programa de terapia individual y grupal ofrecida a través del Centro de Veteranos de su localidad, y estas personas se convirtieron en algo muy parecido a su segunda familia.

Mentras hacía la mudanza de sus muebles, Jim se rompió los ligamentos de su rodilla. El doctor planificó la cirugía, pero al ser un procedimiento electivo había una lista de espera de seis meses. Jim perdió su trabajo de mesero que era su única fuente de ingresos, . ¿Por qué estaba haciendo la mudanza de sus muebles? Porque su novia lo había dejado y se estaba mudando con un amigo. Siendo nuevo en el área, aún tenía pocos amigos y conocidos, y tampoco tenía un auto ya que —hasta ahora- su novia Brenda lo había transportado en su auto a todos lados…pero ahora Brenda ya no estaba.

---

[1] Esclerosis multiple (en inglés Multiple sclerosis o MS) es un desorden degenerativo del sistema nervioso central que parece estar ligado al sistema inmunológico. Puede presentarse como una variedad de síntomas neurológicos que aparecen durante ataques o progresan lentamente a lo largo de la vida. No existe cura y la causa exacta aún es desconocida. Debido a sus efectos sobre el sistema nervioso, a la larga puede causar problemas de motricidad y discapacidad en los casos más severos (fuente: Wikipedia)

El resultado para Jim fue una depresión profunda con tendencias suicidas. No se levantaba de la cama por la mañana, comía muy poco y no conseguía despabilarse lo suficiente como para buscar apoyo de otras fuentes. En poco tiempo se encontró casi siendo desalojado de su casa.

Esta tragedia fue el resultado, no tanto de su problema físico, sino del hecho de no tener un sistema de apoyo. Contrastemos esta historia con la de Peter, un joven que quedó severamente discapacitado luego de un accidente en moto. Sus heridas eran mucho peor que las de Jim, y como resultado tuvo pérdida permanente del movimiento en un brazo y una pierna. Claramente él no "disfrutaba" de su dolor, pero pudo manejarlo increíblemente bien y logró una recuperación sorpresiva, meses antes de lo que pronosticaron los médicos.

¿Por qué? Porque tiene una pareja que lo ama, es el padre de un niño pequeño y está rodeado de amigos que se preocupan por él. Es músico, le encanta ocuparse del jardín, esculpe pequeñas estatuas en madera y mantiene su sentido del humor aún cuando está con dolor. Estos recursos tanto internos como de su entorno, le dan a Peter la fuerza para superar las peores consecuencias de su accidente.

Por suerte, Jim se puso en contacto con un sicólogo que lo ayudó a salir de su profunda depresión. Una vez que él empezó a salir de la crisis, consiguió asistencia financiera y, muy luego, una red de apoyo formada por agencias comunitarias que llenaron el hueco dejado por su falta de apoyos sociales. Todavía cojea y aún siente mucho dolor, pero ahora tiene esperanza, sabe que hay un futuro, y que es capaz de enfrentarlo.

Estas son historias reales que enfatizan la importancia de encontrar apoyo en nuestros propios recursos internos y en el apoyo que nos dan los otros. Los siguientes ejercicios le ayudaran a trazar un diagrama de estos recursos en su vida. Tómese su tiempo para responder cada pregunta, encontrará que algunas de sus respuestas le sorprenderán y le revelarán recursos en los que no había pensado antes.

2-1. ¿Qué sistemas de apoyo tiene actualmente en su vida? Esto incluye a su familia, amigos, colegas, vecinos, personal médico, etc.

2-2. ¿Cómo podría expandir su sistema de apoyo personal y cómo podría hacerlo más efectivo? ¿Adonde podría encontrar ayuda que no lo haga sentirse como una carga para otros? Acuérdese que existen agencies y organizaciones de voluntarios en muchos lugares que ofrecen ayuda para quien la necesita.

2-3. ¿Qué cosas hace o ha hecho en el pasado para cuidarse a sí mismo? Una vez más, incluya la parte mental, emocional, física y espiritual de su vida. Puede incluir aspectos como nutrición, ejercicio y otras formas de cuidar su salud física; actividades que realiza para estimular su mente, creatividad, darse el placer que trae rodearse de belleza como por ejemplo estar en el jardín o algún otro lugar natural, lo que hace para reírse, el prestar servicio a otros (mientras más damos más recibimos), y las veces cuando está en paz e introspección, como cuando reza o medita.

Desarrolle un plan de autocuidado a través del cual podrá cuidarse mejor y avanzar por su senda hacia convertirse en una persona más resiliente o resistente.

1ª PARTE—PROCESO DE AUTOCUIDADO

Para poder desarrollar un plan de autocuidado que pueda impactar nuestra vida positivamente debemos saber primero cuáles son nuestras necesidades. Considere las respuestas que dio en las preguntas previas y determine cuáles son las áreas en las que necesita hacer cambios en su situación, ya sea mental, emocional, espiritual o física.

2-4-1. Enumere sus necesidades actuales:

2-4-2. ¿Cómo podría satisfacer esas necesidades?

2-4-3. ¿Qué está dispuesto a hacer para lograrlo?

2-4-4. ¿Qué ayuda pedirá de otros para lograrlo?

2ª PARTE—CALENDARIO

A continuación trataremos de desarrollar un plan de acción equilibrado de acuerdo a los recursos que posee y a la forma en que usted enfrenta las demandas de su vida. Por ejemplo, si su vida está más inclinada hacia el trabajo, se puede decir que es una vida sin equilibrio. Los aspectos que deberá incluir en su calendario semanal deberán reflejar una forma de vivir equilibrada, que le permita enfrentarse a todo lo que le toque vivir durante la semana: trabajo, estudios, cuidado de niños, terapia física, visita a la iglesia, ejercicios, y actividades de recreación. Al desarrollar el calendario deberá considerar los límites de las personas que le ayudan en su cuidado y/o lo apoyan.

- Revise el calendario y el plan de autocuidado cada ciertos meses o cada vez que estos se desequilibren, o que ocurran cambios significativos en su vida o en sus limitaciones.

- Si el plan no funciona con fluidez o si es demasiado difícil de implementar, necesitará revisar el calendario o el plan para ajustarlo y equilibrarlo.

- Es beneficioso que otros también revisen su calendario y plan para lograr una visión lo más objetiva posible, y un plan con la mayor posibilidad de éxito.

EJEMPLO DE CALENDARIO

Mi Calendario Semanal es:

Lunes

8-9:30am Terapia física en el centro de rehabilitación

10-mediodía Tiempo para estudiar

1-3pm   Clases en el primer ciclo universitario escuela técnico.vocacional

---

Martes

9-5pm Trabajo

7-9pm Entrenamiento de basketball

Miércoles

10-11am Sesión semanal con Bob

1-3pm   Clases en el primer ciclo universitarioo escuela técnico-vocacional

4-5:30pm Terapia física en el centro de rehabilitación

Mi Calendario Semanal es:

Lunes
Martes
Miércoles
Jueves
Viernes
Sábado
Domingo

Mi plazo para reevaluar este plan es _____.

3ª PARTE—ESTRATÉGIAS PARA EL AUTOCUIDADO

Su plan de autocuidado deberá abarcar los aspectos físicos, emocionales, mentales y espirituales de su vida. En este ejercicio usted inventará quince estrategias para su autocuidado sin duplicar ninguna, en cada uno de los cuatro aspectos de su ser. Una estrategia puede ser cualquier cosa que lo haga sentirse mejor sobre sí mismo, sin infringir en la vida de otros ni poner en peligro a nadie. Esto podrá parecerle muy abstracto por lo que analizaremos algunos ejemplos. **Este es un ejercicio en que no hay categorías erradas para las estrategias de autocuidado que quiera incluir, mientras ellas no lo dañen a usted ni a nadie.** Por ejemplo, para usted el masaje puede calzar bien en las áreas de cuidado emocional, físico, o espiritual.

EJEMPLO DE PLAN DE AUTOCUIDADO

MENTAL	EMOCIONAL	FÍSICO	ESPIRITUAL
Rompecabezas[2].	Conversar con un amigo o familiar de confianza.	Levantar pesas.	Rezar.
Hacer jardinería.	Tai Chi	Andar en bicicleta (estacionaria o bicicleta de mano[3]).	Pasar tiempo en la iglesia o con otros que enriquezcan mi vida.
Escribir en un diario.	Masaje.	Caminar.	Estudiar textos que enriquezcan mi vida.
Elevar cometas.	Pasar tiempo con los hijos, nietos, o simplemente niños de mi barrio.	Salir con cualquier clima, a disfrutar de la naturaleza (lluvia, sol, o nieve).	Meditación.
Leer.	Escuchar música.	Practicar relajación progresiva de los músculos.	Yoga.
Mirar una película o escuchar libros grabados en cinta.	Visualizar lugares que he visitado y cosas que he hecho, aún antes de mi deterioro físico.	Ejercicios isométricos.	Arte (dibujo, pintura, escultura, …).
Técnicas terapéuticas (Vea Apéndice A).	Alimentar a los pájaros y las ardillas.	Cuidar de una mascota.	Cantar.

---

[2] Especialmente aquellos que necesitan un periodo largo de tiempo para completarse.

[3] Para información sobre este tipo de bicicleta vaya a la página web www.FreedomRyder.com.

Mi Plan de Autocuidado

MENTAL	EMOCIONAL	FÍSICO	ESPIRITUAL

2-5. ¿Qué áreas de su vida se han visto afectadas por esta pérdida? Enumere cada área de su vida que ha sido afectada por esta pérdida y la forma en que su vida se ha visto afectada. Una vez más tomese su tiempo en esta pregunta, puede usar algunas de las técnicas mencionadas en la pregunta 1-1 para explorar perdidas de las que aún no tenga plena conciencia. Al identificar sus necesidades estará avanzando en mejorar su situación.

2-6. Rellene el eco-mapa de la página 25, incluyendo a las personas que son un apoyo para usted en su vida y a las personas que son un peso para su capacidad de recuperación. Puede mirar este ejemplo de eco-mapa para entender como indicar en el mapa las relaciones personales.

ECO-MAPA

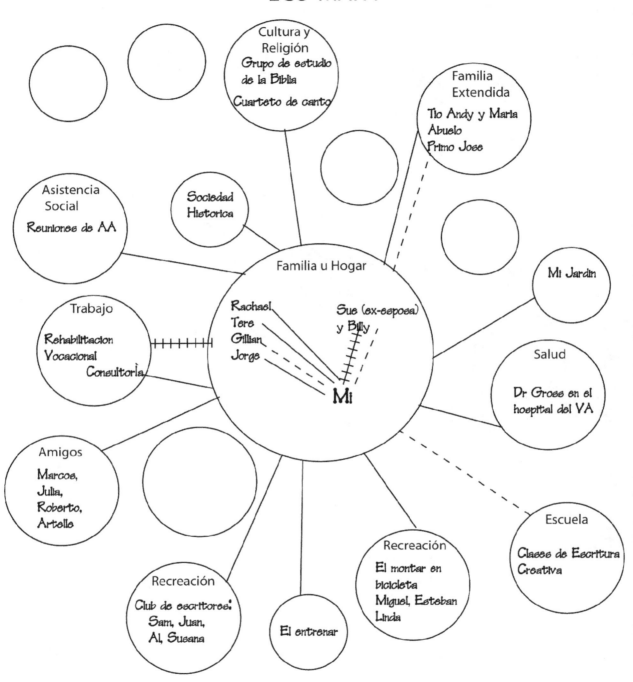

Muestre el tipo de conexión con líneas. Indique la naturaleza de sus conexiones más fuertes con una palabra descriptiva o diferenciando las líneas como ———— fuerte - - - - - débil ++++++ estresantel
Indique con flechas la dirección de la energía, los recursos, etc.
Identifique a personas importantes y colóquelos en los círculos apropiados.

ECO-MAPA

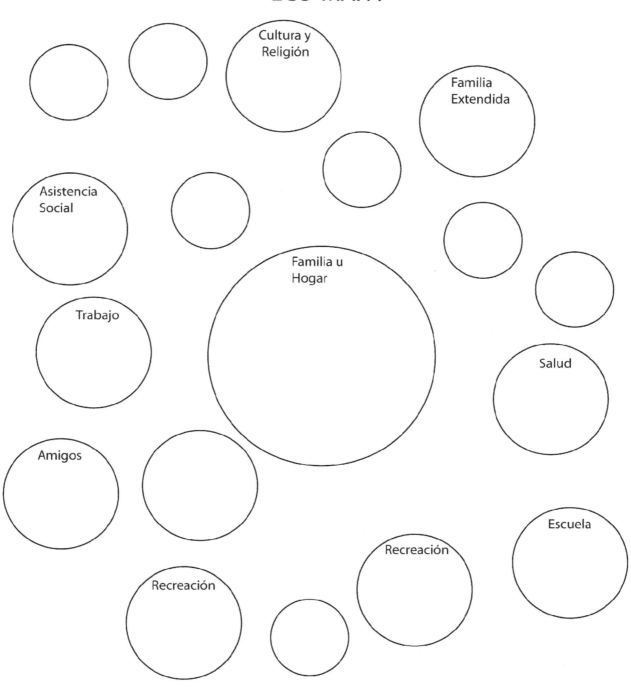

Muestre el tipo de conexión con líneas. Indique la naturaleza de sus conexiones más fuertes con una palabra descriptiva o diferenciando las líneas como ———— fuerte - - - - - débil +++++ estresantel
Indique con flechas la dirección de la energía, los recursos, etc.
Identifique a personas importantes y colóquelos en los círculos apropiados.

<table>
<tr><td>

3

</td><td>

Enfrentando la Pérdida: Sentimientos y Creencias

</td><td>

</td></tr>
</table>

"Contínuamente tengo que desafiarme a mí mismo para no perder mi vision sobre lo que puedo llegar a ser. Constantemente tengo que recordarme a mí mismo que la vida es una aventura osada —o nada!"
—Max Cleland en *Going for the Max! 12 Principles for Living Life to the Fullest* (2000)
(Yendo al máximo! 12 principios a seguir para vivir la vida plenamente)

Max Cleland sufrió heridas severas antes de cumplir el año de su tiempo de servicio militar voluntario en Viet Nam. Volvió de la guerra con tres miembros amputados. Mientras se recuperaba de sus heridas salió elegido al Senado del Estado de Georgia. En 1975, cuando tenía 34 años, el Presidente Carter lo nombró gerente de la Administración de Veteranos donde instituyó el revolucionario "Vets Center Program," (Programa de Centros para Veteranos), que por primera vez se le ofrecía a los veteranos de guerra un tratamiento sicológico junto con el físico. Tiempo despuéssirvió en el Senado como Presidente de un Comité de las Fuerzas Armadas. Aún cuando muchas personas estaban en desacuerdo con sus ideas políticas, su voz siempre fue escuchada. Puede leer su autobiografía en *Strong at the Broken Places* (2000) (*Fuerte en los Lugares Rotos*).

"Aquí está el momento: después.de salir de la piscina, pareciendo un dios griego bajo los estragos del tiempo, Xavier Torres se calzó un par de piernas artificiales y salió caminando, viéndose, en todos los aspectos, un hombre de seis pies de altura."
—Marlowe Hood sobre los momentos definidores de los Juegos Paralímpicos de Atenas 2004

Torres perdió ambas manos y el antebrazo derecho, y tiene ambas piernas amputadas arriba de la rodilla. Él nació con amputación congenita[1]. "Soy el único de mi familia que nació discapacitado, y he aceptado lo que soy con alegría desde un principio. No sé lo que diría, o cómo es estar en condición normal. Tengo conciencia de mi discapacidad, no soy como la mayoría de las personas, pero la gente con discapacidades tiene una capacidad de adaptación mayor, y es por eso que mi condición no es importante para mí".

Torres tiene el record paralimpico de natación de larga distancia: 58 km (35 millas) en 24 hrs. Desde 1991 él ha superado un total de 26 récordes mundiales. También es comentarista deportivo de la televisión española.

"Siempre he adorado el deporte, desde niño jugaba constantemente con una pelota o una raqueta, y esto me hacía feliz. Cuando me levanto por la mañana, lo último que pienso –si lo pienso es que tengo que usar esas piernas artificiales para poder caminar. Cuando estaba en la escuela, nunca me sentí diferente, me sentía tan normal como el resto de mis compañeros de clase," recuerda Xavier. "Empecé a na-

---

[1] Amputación congenita es la falta, a la hora del nacimiento, de una extremidad fetal o una parte fetal. Esta condición puede resultar de una contricción de las bandas fibrosas contenidas en el saco gestacional (Síndrome de Bandas Amnióticas) o a la exposición del feto a sustancias que se sabe causan anomalías o malformaciones congénitas (agentes teratogénicos) como la Talidomida. Otros factores , incluyendo factores genéticos, pueden también tener un rol. (Fuente: Biblioteca Médica Joseph F. Smith).

dar casi como una terápia, en el agua me sentía mejor, más libre, con más movimiento y coordinación. Al comienzo tuve un entrenador llamado Lorenzo, que me enseñó muchas cosas y Maria Castañer, mi segunda entrenadora, me introdujo al mundo de la competencia deportiva".

Puede leer más sobre él en la página web www.XaviTorres.com.

"Cuando lo veo 'volando' en el agua es como si el mismo Dios estuviera ahí con él, dándole a Xavi todo el poder, es como si todas las personas del mundo pudieran reflejarse en su vitalidad."   — Ganador de una medalla de oro olímpica -Kevin Berry- habla sobre Xavier Torres.

3-1. Acuérdese de cómo era antes de estar en su situación actual, y enumere algunas de las pérdidas que haya sufrido en el último par de años. Estas pueden ser pérdidas mayores o menores, en una variedad de áreas. También puede enumerar pérdidas sufridas por personas que conoce de cerca, y hasta pérdidas sufridas por personajes de programas de televisión, libros y películas. Organice estos eventos a lo largo de una línea de tiempo como la de la página 31.

3-2. Cómo consiguió (usted o la persona que sufrió la perdida en cuestión) enfrentarse o manejar la situación en que se encuentra. En cada ejemplo, piense en lo que en un principio lo ayudó a aceptar la pérdida, luego piense en lo que hizo posible el comenzar a vivir con ella, y finalmente lo que le permitió integrarla o superarla. Este ejercicio le servirá para encontrar recursos que podrá usar en su situación actual.

Pero no se detenga ahí. Aún existen una cantidad de recursos que debe explorar. Ahora repita los ejercicios 3-1 y 3-2 para tiempos más en el pasado, eventualmente llegando hasta su infancia.

Línea de tiempo

Las marcas en la línea pueden representar "años y meses" o "meses y semanas" desde que su deterioro físico comenzó. No olvide anotar todas los accidentes o heridas, las intervenciones médicas más importantes, y la pérdida o recuperación de sus habilidades a través del tiempo.

3-3. ¿Cómo ha manejado hasta hoy el deterioro o la pérdida de la que sufre? Piense en eventos rutinarios de su vida y en encuentros que haya tenido con personas. Describa cómo ha podido vivir con esta pérdida hasta hoy. La exploración del proceso por el que ha pasado para llegar a aceptar lo que ha perdido, le ayudará a encontrar formas de adaptarse a su situación actual, sea esta temporal o permanente. Usted tiene muchos recursos para ayudarle con esto, en sí mismo, y/o en su grupo o círculo de apoyo, pero al estar agobiado es fácil perder la perspectiva de lo que hay de positivo y enfocarse en lo negativo. Por lo tanto, en los próximos ejercicios explorará las maneras cómo en el pasado ha podido manejar pérdidas de todo tipo –no solamente la muerte. Por ejemplo el perder el contacto con algún amigo, la pérdida de un trabajo, la pérdida de oportunidades, esperanzas o sueños que no se le realizaron. Le servirá de ayuda el acordarse cómo otras personas conocidas han manejado sus própias pérdidas, ya que podrá aprender de esa experiencia.

Yo he logrado enfrentarme a la peor de mis pérdidas de la siguiente manera:

3-4. ¿Cómo puede cambiar y mejorar la manera en que actualmente está manejando esta pérdida? Esto se refiere a como aplicar los nuevos recursos que ha identificado en el ejercicio previo. Se dará cuenta de que –habiendo explorado como logró manejar y superar pérdidas en el pasado- la perspectiva que tiene sobre su situación habrá cambiado. Ahora usted tiene la capacidad de explorar lo que es más importante de todo: sus sentimientos.

Por lo tanto, ahora exploraremos su particular y única forma de manejar esos sentimientos. No existe una fórmula que sirva para todos, por lo que el siguiente ejercicio ayudará a que construya su propio método.

3-5-1. ¿Cuáles son los sentimientos que usted prefiere mantener en privado, vale decir guardárselos para sí mismo?

Varias veces he conocido personas que no se sienten cómodas expresando sus sentimientos, aún cuando lo puedan hacer manteniendo una absoluta privacidad. Esto no sería un problema a no ser por el hecho de que la represión de sentimientos muchas veces causa problemas físicos y emocionales que limitan nuestra capacidad para relacionarnos y para vivir de forma sana y exitosa.

Responder a esta pregunta le permitirá medir su habilidad para manejarse en el ámbito emocional, y podrá ver claramente si tiene estos obstáculos en la senda de su vida.

3-5-2. ¿Cuáles son los sentimientos que usted se siente capaz de expresar frente a gente de su absoluta confianza?

3-5-3. ¿Qué piensa usted sobre el expresar este tipo de sentimientos? Al pensar su respuesta, considere su pasado reciente y enumere las veces y/o las situaciones que le han hecho sentirse incomodo. Trate de recrear estas situaciones escribiéndolas, y note cómo se siente y qué se dice a sí mismo internamente (que pensamientos surgen) para resolver esas situaciones incómodas o problemáticas. Le sugiero que también elija a dos o tres personas en las que usted confía para preguntarles su opinión sobre cómo perciben su forma de manejar los sentimientos – sea cual fuere su respuesta podrá aclararle muchas cosas. Es importante que también escriba, con el mayor detalle posible, lo que usted considera es su manera natural o normal de manejar los sentimientos.

Algunas palabras que describen expresiones emocionales son:

evito	igual	controlador
espontáneo	neutral	conflictivo
pasivo	directo	superior
empático	a la defensiva	distanciado
sé escuchar	sin sentimiento	rígido

...por nombrar solo algunas.

3-6. ¿Qué sentimientos puede expresar fácilmente en público y qué piensa sobre expresarlos?

[Los métodos de auto-exploración sugeridos en el ejercicio 1-1 podrán ayudarlo con este ejercicio.]

3-7. ¿Qué sentimientos son los que actualmente más le cuesta manejar, y por qué?

3-8. ¿Qué sentimientos son los que actualmente usted considera inaceptables, y por qué?

El problema no es el pensamiento, sentimiento o emoción que surja, sino cómo lo asumimos y cómo actuamos impulsados por ellos.

3-9. ¿Cuáles son sus sentimientos y creencias sobre las pérdidas o el deterioro, y cómo piensa que lo afecta como individuo?

3-10. ¿En qué medida su perdida o deterioro físico afecta su género (hombre o mujer)? Esta pregunta se dirige a cosas como la imagen que tenemos de nuestro cuerpo, su sexualidad y su competencia para cumplir con tareas que consideramos están dentro de sus capacidades. Considere también lo que usted piensa que la gente espera de usted por ser un hombre o una mujer y por estar en esta situación.

Al terminar este análisis, estará totalmente consciente de sus sentimientos tal y como son ahora. Esto significa que si está satisfecho con ellos podrá estarlo consigo mismo, y si no lo está, podrá empezar a hacer el trabajo que necesita para modificarlos.

Otros factores escenciales es su edad (la etapa de su vida), sus responsabilidades financieras, sus planes de largo alcance y sus sueños y esperanzas.

4 Entendiendo la Discapacidad

La palabra discapacidad tiene diferentes significados para diferentes personas. En este capítulo usted explorará sus creencias más profundas con respecto a lo que significa discapacidad, y cómo estas afectan la manera de mirar el mundo. Usted también explorará cómo otros perciben lo que es discapacidad y cómo esto afecta la imagen que ellos tienen de usted.

Georgia Gilbert fue la primera persona discapacitada de la que me acuerdo. Tenía 40 años, un carácter apasionado y una de sus piernas amputadas. Rara vez me he encontrado con una persona que tuviese esa fluidez para manejar su vida como persona discapacitada. Era buenísima para usar solo una muleta – lo que me impresionaba profundamente desde mi perspectiva de joven. Georgia era única dentro de los personajes de mi niñez ya que la recuerdo constantemente sonriendo. Raramente se desanimaba y siempre estaba contenta, gracias al apoyo que recibía de su familia y a su profunda fe religiosa. Siempre participaba en la comunidad de la parroquia en la que crecí, dejando una marca imborrable en mi mente, contribuyendo- por lo menos en parte- al desarrollo de mi capacidad para manejar los problemas a través de los años.

Linda, la gerente de la oficina del Centro de Veteranos donde yo trabajaba, es un ejemplo de resistencia (resiliencia) frente a la discapacidad. Ella se unió a nuestro equipo en 1980 cuando abrimos el centro local de extensión y empezamos con el programa. Ella ya había sido diagnosticada con Esclerosis Múltiple, pero todavía caminaba, con la ayuda de un bastón, bastante bien. Con el paso del tiempo, comenzó a perder el equilibrio y el tono muscular, y con ello disminuyó su capacidad de contar con su cuerpo. Cuando dejé el programa por los finales de 1987, Linda estaba en una silla de ruedas, pero continuaba trabajando y participando en la recuperación de miles de veteranos y sus familias. Puede ser que el asumir un trabajo tan estresante acortó en algo el tiempo que le quedaba de vida. Al final ya no era capaz de continuar ambulando y quedó relegada a una cama, terminando los últimos años de su vida en una institución. Su increíble resiliencia surgió del hecho de hacer algo que realmente amaba y de tener el total apoyo de su amado esposo Randy, que se quedó a su lado hasta el final. Ella murió hace bastantes años, pero no ha sido olvidada, ni ha disminuído el impacto que tuvo en la vida de tanta gente.

4-1-1. Describa lo que piensa sobre recibir ayuda de otros. ¿Cuándo se debe y no se debe recibir ayuda de otros? Enfóquese en sus sentimientos. En esta ocasión, una vez más, puede usar las actividades creativas descritas en 1-1, o cierre sus ojos y "vuelva" a alguna ocasión reciente cuando alguien le ofreció su ayuda, o necesitó pedirle ayuda a alguna persona.

4-1-2. Cuando alguien lo ayuda, ¿cuál es su reacción y por que? (algunos ejemplos son: gratitud, vergüenza, culpabilidad, rencor, rabia, deuda).

4-1-3. Cuando no obtiene ayuda, ¿cuál es su reacción y por qué? (algunos ejemplos son: rabia, alivio, pena, frustración, dolor, rencor, celos).

4-2. ¿De qué forma lo limita su discapacidad? Considere las actividades normales de su vida previa: escuela, trabajo, autocuidado: como vestirse, higiene, comer, movilidad (como por ejemplo el manejar un carro), deportes, pasatiempos y esparcimiento, etc.

4-3. ¿Cuántas personas con discapacidad conoce? No olvide que "discapacitado" incluye una variedad de cosas, por ejemplo limitaciones intelectuales, diabetes, dolor de espalda crónico, alergias, obesidad, e hipertensión, para mencionar solo algunas.

4-4. ¿Qué opina sobre las personas discapacitadas que conoce? Las respeta y aprecia, o le incomodan o no le gustan, y por qué?

4-5. ¿En qué medida y de qué manera su edad y la etapa de vida por la que está pasando afectan su pérdida? ¿Cómo piensa que le habría afectado su pérdida si la hubiese sufrido en una etapa previa de su vida? ¿Qué pasará cuando envejezca, en etapas posteriores de su vida?

4-6. Explíquese a sí mismo cómo la cooperación puede ayudarlo a manejar su pérdida. La cooperación es un camino de doble vía: busque maneras de ayudar, para que esté más preparada para recibir ayuda.

4-7. ¿Qué preguntas le hacen sobre su pérdida? ¿Qué preguntas le resultan incómodas y negativas? ¿Cómo ha manejado la situación cuando alguien lo ha hecho sentirse mal con una pregunta? y ¿Cómo ha manejado la situación cuando una persona no le pregunta lo que usted considera que debería, porque se siente avergonzada o es sensible al respecto?

4-8. ¿Qué preguntas le gustaría que la gente le hiciera sobre su perdida? ¿Con quién puede actualmente hablar sobre esto?

4-8. ¿Qué preguntas le gustaría que la gente le hiciera sobre su perdida? ¿Con quién puede actualmente hablar sobre esto?

4-9. En su experiencia, ¿ha descubierto mitos o creencias erradas sobre su tipo de pérdida o discapacidad?

5 Transformando Circumstancias

La vida nos llega de diferentes maneras—lo que hace la diferencia no es lo que nos pasa, sino cómo reaccionamos a lo que nos pasa. El Talmud dice: "no vemos lo que hay, sino lo que somos". En este capítulo examinaremos de cerca las circunstancias que causaron su pérdida.

Por ejemplo, Janelle tuvo que tener una mastectomía, y esto fue algo devastador para ella. Sintió que su identidad de mujer se dañó, que ya no era atractiva, y que la razón de su existencia había sido destruída. En contraste, Sue eligió tener una mastectomía doble para protegerla de un posible cáncer, argumentando que si no lo hacía, la probabilidad de tener ese cáncer era demasiado alta. Una vez que se recuperó de su operación, se sintió contenta por sentirse más segura y no tuvo ningún efecto sicológico negativo.

La pérdida física fue similar en ambos casos, pero las dos mujeres percibieron el asunto de forma totalmente diferente y esto afectó la forma cómo las dos reaccionaron.

Miriam moría de un cáncer terminal. Toda su vida había sido una mujer muy activa y ocupada ayudando a otros, aún cuando esto significara ir en contra de su propio interés y nunca actuando como una martir. La gente se sentía cómoda en su presencia, y ella siempre estaba dispuesta a dejar lo que estuviese haciendo para escuchar los problemas de los demás, o prestarles un hombro donde llorar. Pero rara vez tenía tiempo para sí misma. Ahora ya no podía ayudar a nadie y, por la primera vez desde su infancia, era la que recibía. Y también por primera vez tenía el tiempo de pensar en cosas más profundas, como lo bueno y malo de su pasado. A pesar del dolor, que la morfina no alcanzaba a calmar, y la restricción de su vida relegada a un cuarto, sin ninguna de sus preocupaciones previas Miriam se encontraba serena. Aceptando su enfermedad y muerte inminente, se sentía agradecida de tener la oportunidad de evaluar su vida y encontrar paz dentro de su ser.

Pete fue atropellado cuando era joven y caminaba por la vera del camino. Como resultado, la última vez que hablé con él había tenido alrededor de 35 o 40 cirujías. Estas cirujías y la consiguiente recuperación le causaron muchos problemas, y fueron una prueba muy dura de lo que tenía adentro, especialmente al ser hombre. Pete ha superado muchísimos obstáculos para convertirse en un sobreviviente. Lo ha logrado con terapias, reuniones de Alcoholicos Anónimos, y hasta un divorcio para poder llegar a vivir en su actual realidad de seguridad y salud.

En 1995 participé en una maratón de más de 1,000 millas en Mongolia con ciclistas discapacitados de todo el mundo. Me acuerdo vívidamente de dos hombres ciegos especialmente osados, que iban en los asientos traseros de una bicicleta de a tres, por millas y millas de caminos durísimos con un ciclista vidente que manejaba y frenaba la bicicleta . La confianza que tuvieron que tener estos hombres para poner su seguridad personal en manos de treinta personas a quienes en un principio ni conocían bien, aún me impresiona. Con el tiempo, al ir avanzando la caravana por el mundo, llegaron a considerar a estas personas como hermanos y hermanas. Definitivamente, ellos estaban fuera de su elemento, especialmente en lo que se refería a conocer el camino hacia las cosas en su entorno. ¡A veces, se enojaban con sí mismo por necesitar ayuda para encontrar el baño en el desierto de Gobi! Pero finalmente todos sobrevivimos gracias al esfuerzo del trabajo en equipo.

5-1. ¿Ha logrado identificar algún factor o evento positivo relacionado con su pérdida? Estos no necesitan ser tan poderosos como en el caso de Miriam, pero vale la pena identificar hasta las más pequeñas reacciones positivas.

5-2. En el papel, cree su familia ideal usando a familiares y amigos o conocidos. Forme la red de apoyo más fuerte posible a su alrededor para que lo ayude a enfrentar su pérdida más efectivamente.

5-3. Crea un ritual que represente y conmemore su pérdida. Por ejemplo, Rena quedó con una cojera permanente cuando su ex-esposo irrumpió en su casa, le disparó en la cadera para luego suicidarse de un tiro en la cabeza. Por años y años, ella luchó contra pesadillas, sentimientos de culpa, e interminables "¿y si yo hubiese…?". Cada vez que caminaba su cojera y los dolores asociados le recordaban el trauma vivido. No podía olvidarlo ya que llevaba la estampa del trauma en su cadera. Finalmente, luego de mucha terapia y trabajo interno, ella creó un ritual. Le escribió una larga carta al hombre y le pidió a todos sus familiares y amigos que estuvieran presente cuando ceremoniosamente quemó la carta y la única fotografía que le quedaba de él. Esto no le quitó la cojera, pero la tara física ya no iba acompañada de la tara emocional.

Otro ejemplo posible es plantar un árbol o arbusto que simbolice un cambio en el camino – lo veo crecer al ir sanando.[1]

Considere volver al centro de reabilitación o a la fuente de su pérdida para darse cuenta de cuánto ha avanzado. Anime a otros, una de las maneras de cambiar malo por bueno es darle apoyo a una persona que sufre su mismo tipo de pérdida.

---

[1] Lea a Rachel Pollack en The Power of Ritual (el poder del rito) (New York, Dell Publishing, 2000).

5-4. En el lenguaje chino se usa el mismo símbolo para las palabras 'crisis' y 'oportunidad'. ¿Puede usted ver la experiencia de su pérdida considerando estos dos aspectos? ¿De qué manera su pérdida se ha transformado en un nuevo comienzo? Un ejemplo de esto es la historia de Don, quien trabajaba como enfermero y terminó odiando su trabajo. Continuó haciéndolo simplemente porque era la forma más fácil de ganar dinero. Luego, en una tarde oscura, Don se resbaló en el pavimento mojado y se rompió un ligamento en el hombro, lo que significó que no podría volver a trabajar como enfermero. Al año, Don había creado una nueva profesion para sí mismo, una que nunca habría probado si no le hubiese pasado lo que le pasó.

5-5. Escriba una lista con los recursos que necesita hoy, o que puede necesitar en el futuro, y especifique cómo podría conseguirlos. 'Recursos' pueden ser físicos, como un carro con controles de mano si sus piernas están paralizadas; financieros como para cubrir su incapacidad para ganar dinero; social, por ejemplo personas que lo visiten en su casa si usted no tiene movilidad ....

5-6. Describa en detalle de dónde viene su pérdida. Muchos dicen que el resto de la gente simplemente no entiende. Sin embargo es nuestra responsabilidad describir lo mejor posible lo que nos pasó y cómo nos afecta, para que los otros lo entiendan. Muchas veces, comprende lo que nos pasa es que es capaz de ayudar. Para Carlie esta descripción le devolvió sentido a su vida. Ella había sido una adicta a la heroína que un día para otro terminando en un hospital y en un esfuerzo por dejar la droga, paró "en seco" de usarla. Se sentía tan mal que repetía sin parar "me voy a matar!". El personal del hospital la ignoró y ella se lanzó por una ventana, quebrándose la espalda y quedando parapléjico. Tenía tan solo 24 años. Por mucho tiempo hizo lo que pudo para no acordarse de los detalles de lo que le había pasado, tratando de vivir negándoselo a sí misma. Finalmente, después de mucho trabajo en terapia logró enfrentarse a sus recuerdos, y de ahí para adelante ella organizó un programa para jóvenes donde visitaba las escuelas superiores, y ella desde su silla de ruedas y con mucha pasión le contaba su historia a los alumnos. Hizo mucho el bien previniéndolos sobre los peligros de usar drogas.

5-7. ¿Qué elementos o factores que le permiten sentir más control sobre su vida?

5-8. ¿Qué tipo de ayuda es capaz de pedir para satisfacer sus necesidades? y ¿A quién le puede pedir esta ayuda?

5-9 ¿Qué tan visible (o invisible) es su discapacidad y cómo esto afecta su capacidad para manejarla?

Graham había sufrido un traumatismo al cráneo lo que le significó en una pérdida importante en su memoria inmediata. Para un desconocido él parecía normal, pero en realidad estaba profundamente discapacitado. Él manejaba su situación pidiéndole a su doctor que le escribiera un corto resumen de su problema en lenguaje simple, para que cualquiera pudiera entender. Cuando Graham conocía a alguien nuevo, les sonreía y les entregaba lo que el médico había escrito. También usaba un cuaderno para escribir todo lo que le pasaba y –si la gente le daba el tiempo que necesitaba- usaba esto para funcionar mejor en la gran parte de las áreas de su vida.

Sue tenía un problema diferente: un accidente de auto la dejó con quemaduras y cicatrices que le desfiguraron el rostro. Muchas cirujias plásticas mejoraron bastante su aspecto, pero su cara aún atraía la atención de mucha gente. En un principio, ella se sentía intensamente consciente de esto y evitaba el contacto con la gente, pero con el tiempo comenzó a usar el humor como su arma. Se fabricó una etiqueta de seis pulgadas por cuatro que se colgaba y que decía "debería haberme visto antes de que arreglaron la cara!". Esto causaba una reacción positiva en casi todas las personas con las que se encontraba.

6 El Contínuo Proceso de Pérdida y Recuperación

"Me rehuso a dejar que una discapacidad determine cómo vivo mi vida. No quiero parecer imprudente, pero tener una meta que sea un poco osada me ayuda mucho en mi camino hacia la recuperación."
—Christopher Reeve (1952-2004)

Christopher Reeve se quebró el cuello en una competencia ecuestre en 1995. Después de un período de recuperación, y recibiendo terapia física, él juró no entregarse jamás. Después de su accidente que lo dejó cuadrapléjico volvió a actuar en cuatro películas y a dirigir dos. Antes de su accidente, su carrera como actor iba estable, pero con una tendencia a trabajar en películas menores. Después de su accidente y gracias a su lucha por recuperar la movilidad y por su abogacía a favor de los discapacitados, se convirtió en un símbolo internacional. Su fundación ha distribuído más de $60 millones para la investigación y para las organizaciones sin fines de lucro que benefician directamente a las personas cuadrapléjicas. Puede leer su historia de recuperación y lecciones de vida en su libro *Nothing Is Imposible* (*nada es imposible*).

"Cuando nuestras expectativas se reducen a cero, realmente apreciamos todo lo que tenemos."
—Stephen Hawking (1942-)

Stephen Hawking fue diagnosticado con ELA[1] ("enfermedad de Lou Gehrig") a la edad de 21 años, siendo aún un estudiante universitario. En ese tiempo los doctores le dieron a lo más dos o tres años de vida. Muy luego quedó relegado a una silla de ruedas, pero continuó con sus estudios de matemáticas y física. Se ha mantenido con una fuerza irresistible dentro de la ciencia, a pesar del debilitamiento progresivo que lo dejó paralítico y sin voz. Hawking es principalmente conocido por haber llegado a la comprobación matemática de la teoría Big Bang del origen del universo, y por su trabajo en otras teorías relacionadas sobre los agujeros negros (black holes). Aún cuando él es un científico prodigioso, un autor, , y un receptor de medallas y premios en astronomía y física, Hawking todavía es un hombre de familia muy asentado y normal, que valoriza las relaciones humanas por sobre todo.

"El mundo sólo te dará lo que le pides, nada más ni nada menos. Piensa bien lo que vas a pedir."
—Tony Christiansen

Desde el horrible accidente de tren que lo dejó sin sus piernas a la edad de 9 años, Tony Christiansen ha seguido enfrentando desafíos y teniendo éxitos en muchas áreas de su vida. Él es un salvavidas calificado con 33 rescates a su nombre, tiene su licencia de piloto de avion privado, un cinturón negro de se-

---

[1] Esclerósis Lateral Amiotrófica (ELA o por sus siglas en ingles ALS) caracterizada por la pérdida progresiva de la contracción voluntaria de los músculos debido a la degeneración, causando finalmente la muerte de las células nerviosas (neuronas) del cerebro y de la médula espinal responsable por la estimulación de los músculos y del movimiento voluntario. Mientras los síntomas iniciales son sutiles, la enfermedad causa una discapacidad física progresiva. El funcionamiento de la mente y las sensaciones no se ven afectadas. (fuente: Wikipedia)

gundo grado en Tae Kwon Do, y se ha convertido en un autor y orador que inspira a muchos. Tony y su mujer, Elaine, han estado casados desde 1980 y tienen 3 niños. Puede leer su autobiografía en el libro *Race You to the Top* (Te hecho una carrera hasta la cima).

Al llegar a este punto de su trabajo en este manual, revíselo una vez al mes para ver si hay cambios de los que deba tomar nota en las respuestas o actividades completadas. Las siguientes preguntas lo ayudarán cuando haga una re-evaluación regular de su situación:

6-1. ¿Hay algo que haya perdido en este último mes? ¿Qué es?

¿Hay algo que haya ganado? ¿Qué es?

6-2. ¿De qué forma ha cambiado su situación actual por las pérdidas o ganancias del pasado mes?

6-3. ¿Cómo han cambiado sus expectativas y planes para el futuro debido a las pérdidas y ganancias del pasado mes?

6-4. ¿Quién de las personas de su vida le facilita su forma de manejar su pérdida?

6-5. ¿Quién de las personas en su vida actual le dificulta el manejo de su pérdida? Esto incluye gente en su familia, el equipo médico y/o el equipo de rehabilitación que lo trata, amigos, colegas de trabajo y personal de agencias de servicios sociales.

6-6-1. ¿Quiénes son las personas que participan de su vida actual y que pueden y quieren aceptar su pérdida?

6-6-2. ¿Cómo se comunica con estas personas y cómo les hace saber sobre sus necesidades?

6-6-3. ¿De qué manera puede usted ayudar a otras personas a partir de sus necesidades?

6-7. ¿Qué es lo más valioso para usted respecto a su pérdida? Con el tiempo me he dado cuenta que a través de los eventos traumáticos en nuestra vida, existe una posibilidad de crecimiento muy real. Este crecimiento podrá no ser aparente inmediatamente, pero al mirar para atrá vea si puede identificar resultados positivos o patrones o tendencias que representan cosas que haya llegado a valorar después de su pérdida.

Honestamente puedo decirle que mi pérdida de capacidad física me ha hecho enfrentarme conmigo mismo de formas en las que nunca lo habría hecho normalmente. He conocido gente, y he estado en lugares y situaciones que nunca hubiera conocido sin mi pérdida. He ganado un entendimiento que no se aprende en ninguna clase ni texto y que hasta el día de hoy es muy difícil de poner en palabras. He tenido oportunidades que hubiesen sido inaccesibles para mí de otra forma, en resumen, he ganado más de lo que he perdido.

Dónde ir desde Aquí: Es su Desición

Pérdidas, límites, la nada, la soledad, diferente, raro, extravagante, extraño, "que simpático", "cuál es su problema", un silencio ensordecedor….

A veces, estas palabras flotan por mi cabeza o alguien me las lanza en la cara.

"¿Oye, qué te pasa?" las palabras o las miradas lo dicen igual de claro.

"Ven aquí mi amor, no te pongas en su camino" (a veces traducido como: no te le acerques, él es diferente.)

Sigo vulnerable a las espinas y flechas de sus juicios o me parapeto detrás de una muralla -cavo una fosa- o subo el puente y construyo mis paredes más altas y gruesas para protegerme de ellos y tal vez —y esto puede ser más importante- para protegerlos a ellos de mí. Después de todo podría salpicarlos si no se cuidan.

Aprendo a mantenerme adormecido, ¿sin sentir nada? O los quemo como el napalm quema la tierra y todas las criaturas vivas, logrando crear un vacio momentaneo donde todo queda en silencio y en aparente calma -pero realmente es solo el ojo del huracán que ruje por dentro.

O me arriesgo a efectuar una cirujía emocional en mí mismo, sin anestesia, y me empujo y estiro más allá de una frontera por la que previamente no he cruzado, o tal vez, contengo mejor el podrido veneno simplemente agrandando el recipiente y reforzandolo mejor.

Para mí ha sido importante —tal vez crítico- efectuar esa cirujía y crear un equilibrio fluído hacia esa vida más en paz que está al alcance de todos. Yo creo que, junto a Dios, todo es posible.

EPÍLOGO

Mi esperanza es que este manual haya contribuído al proceso de su recuperación de una forma positiva. También espero que lo haya ayudado a sanar un poco más de la pérdida sufrida. A través de los años he agradecido a mis clientes, amigos y conocidos, por sus ideas y sugerencias que han contribuido al desarrollo de este manual. Es un desafío aprender a manejar o a enfrentarse a una pérdida, pero es posible hacerlo mejor al tener una estratégia y al usarla consistentemente. Esto no hará desaparecer la pérdida, pero le ayudará a encontrar una mejor forma de vivir con ella. El camino a la recuperación está muchas veces lleno de obstáculos, pero si usted es consistente en su esfuerzo por superarlos, es posible llegar a sentir paz interior con respecto a la pérdida. De hecho, como ve con los ejemplos presentados, hay personas que han llegado a ganar mucho debido a la pérdida sufrida.

Le deseo paz en su camino.

Sobre el Autor

Nunca había sufrido ningún tipo de heridas o accidentes hasta que en 1969, siendo un recluta en el Marine Corps (cuerpo de Marines), durante una carrera de obstaculos en la Officer Candidate School (Escuela de Candidatos a Oficial, OCS, por sus siglas en inglés) sufrí un accidente que me dañó la rodilla. Nunca había necesitado una cirujía, excepto para sacarme la apéndice y las amígdalas. Sin embargo, tuve que adaptarme rápidamente a una nueva realidad al tener que operarme en un hospital militar y estar en recuperación en un pabellón de 55 camas con pacientes, que eran en su mayoría, eran casos de evacuación médica (medevac) directamente de Viet Nam. Estuve ahí hospitalizado por 5 meses y me operaron varias veces. También ahí tuve mi primera terapia de recuperación y –aunque no lo reconocí en el momento-, este período se transformó en un punto crucial de mi vida. Ese primer accidente, y la serie de 13 operaciones a la rodilla terminaron tomando más tiempo de recuperación del esperado. Las operaciones fueron mayormente en una pierna, pero eventualmente, en 1991, hubo que operarme la otra rodilla también.

Debido al nivel de daño y de dolor que tenía con la primera rodilla, finalmente en 1977 hubo que fusionarla y debido a esto quedó tiesa por 20 años. Esto por un lado ayudó, y por el otro creó más problemas. Eventualmente en 1997 tuve una cirujía para revertir la fusion de la articulación y para implantar una prótesis de rodilla. Estuve en rehabilitación por un año y medio, tres veces por semana para que llegara a funcionar relativamente bien y llegar a estar estable. Han habido más problemas asociados con la pierna, como el daño permanente del nervio causado por una negligencia médica, problemas de circulación y el deterioro constante de la piel de áreas afectadas por mala circulación.

Viéndolo desde la perspectiva de hoy, mi accidente fue una de las mejores cosas que me pudo pasar, ya que evitó que me mandaran a Viet Nam (me emitieron seis diferentes series de órdenes) y con el tiempo me impulsó a ejercer una profesión de ayuda a otros, y a hacer una diferencia en la vida de aquellos que sufren el efecto de algún trauma mental o físico. También me ha ayudado a conocer personas de todo el mundo que son amigos y amigas muy especiales. Finalmente, me ha empujado y estimulado mucho más –por ejemplo si estoy pasando por un día dificil, recuerdo al bombero Mongol con amputación triple que todos los días andaba en su bicicleta por más tiempo y kilómetros que compañeros que tenían su cuerpo intacto. Además lo hizo durante varias semanas, sobre cientos de kilómetros, y nunca ví un ceño fruncido ni una mal gesto en su cara.

Esta experiencia también ha sido como estudiar en un laboratorio en el que aprendí sobre tantas cosas, sobre tantas personas y sobre las muchas maneras que podemos sobrellevar y finalmente manejar, de una variedad de formas y maneras, lo que en un principio parecen obstaculos insuperables.

Existen algunas cosas que hecho de menos desde el punto de vista de la salud física, como es el jugar a la pelota y el salir a trotar a diario, pero he encontrado maneras de reemplazar, por lo menos parcialmente algunas de esas actividades que eran una gran parte de mi autocuidado en años anteriores.

Entre mis logros: hago jardinería orgánica, hago todo el pasisajísmo de mis jardines, participo en carreras y paseos de bicicleta de mano, participé en la Carrera Mundial AXA de Mongolia a Beijing y de St. Louis a Washington, D.C.; participé en la Carrera Mundial de Sillas de Ruedas en Inglaterra en 1996; me gradué con una maestría en Trabajo Social cuando teniendo 40 y tantos años. También estoy muy orgulloso de haber sido capaz de criar a mis hijos y de ser una influencia positiva en la vida de mis nietos.

Apéndice A

Otros Recursos de Ayuda para Enfrentar el Deterioro Físico

Técnicas Terapéuticas

He usado la técnica **Traumatic Incident Reduction** (Reducción de Incidente Traumático o por sus siglas en ingles TIR) con muchas personas que sufren pérdida de capacidad física y discapacidades. TIR puede usarse con casos de accidentes o enfermedades crónicas que causan síntomas de ansiedad o estrés crónico. También utilizo el procedimiento Unblocking (Desbloquear) del TIR para ayudar a resolver problemas de comunicación y mejorar las relaciones interpersonales. Para más información o para conseguir remisión a profesionales que usan esta técnica, por favor visite la página web www.TIR.org.

También utilizo **EMDR** que es una técnica que ha ayudado a muchos a superar una experiencia traumática. El Instituto EMDR ofrece más información sobre la terapia de desensibilizac ión y reprocesamiento con movimientos oculares (Eye Movement Desensitization and Reprocessing o EMDR). Visite www.emdr.com

Finalmente, he utilizado **Emotional Freedom Therapy** (terápia de liberación emocional) una técnica comunmente llamada 'tapping'. Esto ha ayudado a personas a encontrar alivio a su ansiedad y ataques de pánico, miedos y fobias y una gran variedad de síntomas físicos. Se puede aprender a usar esta técnica y utilizarla en una gran variedad de aplicaciones para ayudarse mejor en el esfuerzo por superar los muchos problemas que impiden tener una vida mejor. Visite www.emofree.com

Lecturas sobre Asuntos Relacionados a Deterioro Físico y Discapacidad

Rabia

Thomas, S., and Jefferson, C. <u>Use Your Anger</u>. New York: Pocket Books, 1996.

Rich, Robert. <u>Anger and Anxiety: Be in charge of your emotions and control phobias</u>. Australia: Twilight Times Books, 2005. www.anxietyanddepression-help.com

Salud

Topf. Linda. <u>You Are Not Your Illness</u>. New York: Fireside. 1995.

Reznik, Oleg, I. <u>The Secrets of Medical Decision Making: How to Avoid Becoming a Victim of the Health Care Machine</u>. Ann Arbor, MI: Loving Healing Press, 2006.

Inspiración

Bosco, Antoinette. <u>Finding Peace through Pain</u>. New York: Ballantine Books, 1995.

Chodron, Pema. <u>When Things Fall Apart</u>. Boston: Shambala Publications, 1997.

Mother Teresa. <u>In My Own Words</u>. New York: Random House. 1997.

Películas sobre Asuntos Relacionados al Deterioro Físico y la Discadacidad

Muchas de estas películas fueron creadas de novelas o biografías impresas. Para más variedad visite www.disabilityfilms.co.uk y www.cinematherapy.com

Bone Collector, The (1999). Suspenso/Misterio. Cuadraplégico.

Born on the Fourth of July (1989). Biografía/Drama/Guerra. Parapléjico.

Brian's Song (1971). Biografía/Drama/Deportes. Cáncer.

Coming Home (1978). Drama/Guerra. Parapléjico.

Doctor, The (1991). Drama/Biografía. Cáncer.

Dying Young (1991). Drama/Romance. Cáncer.

English Patient, The (1996). Drama/Romance/Guerra. Víctima de Quemaduras.

Flight, The Theory Of (1998). Comedia/Drama/Romance. Enfermedad de Neurona Motora.

For Hope (1991). Drama. Scleroderma y lupus.

Forrest Gump (1994). Comedia/Drama. Problemas de capacidad mental.

Johnny Got His Gun (1971). Drama/Guerra. Amputación, pérdida sensorial.

Joan of Arcadia, Season 1 [Eps. 4, 5, 8, 12, 13, 21, and others] (2003). Parapléjico.

Joni (1980). Autobiography/Drama. Cuadraplégico.

Love Affair, A: The Eleanor and Lou Gehrig Story (1978). ALS.

Mask (1985). Biografía/Drama. Defecto de Nacimiento.

Million Dollar Baby (2004). Drama/Deporte. Cuadraplégico.

Murderball (2005). Documentario/Deportes. Parapléjico y Paralímpicos.

My Left Foot (1989). Biografía/Drama. Parálisis cerebral.

Never Give Up: The Jimmy V Story (1996). Biografía/Drama/Deportes. Cáncer.

On Golden Pond (1981). Drama/Comedia. Envejecimiento.

Other Side of the Mountain, The (1975). Biografía/Drama. Cuadraplégico.

Passion Fish (1992). Drama/Comedia. Parapléjico.

Ray (2004). Biography/Drama/Música. Pérdida Sensorial.

Rear Window (1998). Suspenso/Mistério. Cuadraplégico.

Ready, Willing, and Able (1999).

Sea Inside, The [El Mar Adentro] (2004). Biografía/Drama. Cuadraplégico.

Terms of Endearment (1983). Romance/Comedia. Cáncer.

Terry Fox Story (1983). Biografía/Drama/Deportes. Cáncer, amputación.

Through Riley's Eyes (2000). Corto/Drama. ALS.

Wit (2001). Drama. Cáncer.

Guía para Mirar las Películas

Para prepararse a ver una de estas películas, siéntese en un lugar cómodo. Deje que su mente vague sin esfuerzo, sin forzarla, primero por su cuerpo y luego su respiración. Inspire y expire de manera natural. Siga su respiración de esta forma liviana, pero atenta por un rato. Identifique cualquier lugar de su cuerpo donde haya algún tipo de tensión o de represión. Al volverse más consciente de esos lugares, deje que su respiración vaya a ellos y "respire profundo" para liberar cualquier tensión. Nunca fuerce su respiración.

El hecho de prestarle atención a la película le ayuda a estar más presente y estable y a profundizar su respiración, liberandola espontáneamente si la ha estado reprimiendo. Experimente esto sin comentarios ni criticas internas. Si nota que está narrando o juzgando, simplemente escuche el tono que tiene su diálogo interno, y vuelva su atención a su respiración. Conscientemente deje los juicios y las preocupaciones de lado.

Tan pronto como esté calmado y centrado comience la película. La mayoría de las revelaciones más profundas llegan cuando usted le pone atención a la historia y a sí mismo. Al mirar la película, vuelva su atención a una consciencia holistica de su cuerpo, vale decir estar conciente de "todo usted" –cabeza, corazón, barriga, etc. Una que otra vez vuelva su atención a su respiración desde el interior de su ser –de ese lugar que es intuitivo y siempre presente. Observe como las imágenes, ideas, conversaciones y personajes de la película fue afectan su respiración. No analice al ver la película, simplemente trate de estar completamente presente.

Después piense en lo siguiente:

¿Se acuerda si su respiración cambió durante la película? ¿Podría significar esto que algo lo descentro? Puede ser que lo que lo perturbó en la película es similar a lo que lo saca de su centro en su vida diaria.

Preguntese a sí mismo si la parte de la película que lo afectó (positiva o negativamente) hubiera aparecido en sus sueños, ¿qué explicación le hubiese atribuído?

Identifique lo que le gustó y lo que no le gustó o hasta lo que odió de la película. ¿Qué personajes, o acciones le parecieron particularmente atractivos o poco atractivos? ¿Se identificó con algún o con algunos de los personajes?

¿Identificó a personajes en la película que se comportaban de manera que a usted le gustaría imitar? ¿Habrán adquirido alguna fortaleza u otras capacidades que a usted también le gustaría desarrollar?

¿Hubo alguna parte de la película que se le hizo especialmente difícil mirar? ¿Podría relacionarlo con algo que ha reprimido ("sombras")? Descubriendo aspectos reprimidos de su siquis puede liberar cualidades positivas y descubrir un yo más auténtico y más completo.

Al mirar la película, ¿tuvo alguna experiencia que lo conectó con su sabiduría interna o con su ser superior?

Ayuda el escribir sus respuestas.

Si algunas de las guías mencionadas le ayudan, podría considerar adaptarlas para usarlas en su vida real, estas guías están diseñadas para ayudarle a convertirse en un observador más atento.

Citado con el permiso de www.CinemaTherapy.com por Birgit Wolz, PhD.

Lecturas Sugeridas sobre el Enfrentarse al Deterioro Físico y a la Discapacidad

Armstrong, Lance. It's Not About the Bike: My Journey Back To Life. New York: The Berkley Publishing Group, 2000.

Bennett, Michael. The Empathic Healer: An Endangered Species? San Diego, CA: Academic Press:, 2001.

Bluebond-Langer, Myra. In the Shadow of Illness: Parents and Siblings of the Chronically Ill Child. Princeton, NJ: Princeton University Press, 1996.

Brown, Christy. My Left Foot. London: Martin, Seeker & Warburg Limited, 1954.

Charlton, James. Nothing About Us Without Us: Disability, Oppression, and Empowerment. London: University of California Press, 1998.

Cleland, Max. Strong at the Broken Places: A Personal Story. Lincoln, VA: Chosen Books, 1980.

DeBecker, Gavin. Fear Less: Real Truth about Risk, Safety, and Security in a Time of Terrorism. New York: Little, Brown and Company, 2002.

Doka, Kenneth, Disenfranchised Grief: Recognizing Hidden Sorrow. New York: Lexington Books, 1989.

Ericsson, Stephanie. Companion Through the Darkness: Inner Dialogues on Grief. New York: Harper-Collins Publishers, 1993.

Ford, Michael. Wounded Prophet: A Portrait of Henri J.M. Nouwen. New York: Doubleday, 1999.

Hanh, Thich Nhat. Anger: Wisdom for Cooling the Flames. New York: Riverhead Books, 2001.

Hansel, Tim. You Gotta Keep Dancin'. Colorado Springs, CO: Cook Communications Ministries, 1985.

Hanson, Richard and Gerber, Kenneth. Coping with Chronic Pain: A Guide to Patient Self-Management. New York: The Guilford Press, 1990.

Hockenberry, John. Moving Violations: War Zones, Wheelchairs, and Declarations of Independence. New York: Hyperion, 1995.

Kovic, Ron. Born on the Fourth of July. New York: Akashic Books, 2005.

Kubler-Ross, Elisabeth. The Wheel of Life. A Memoir of Living and Dying. New York: Scribner, 1997.

Lewis, C.S. A Grief Observed. New York: HarperCollins Publishers, 1961.

Locke, Shirley. Coping with Loss: A Guide for Caregivers. Charles Springfield, IL: Thomas Pubs, 1994.

Markova, Dawna. I Will Not Die an Unlived Life: Reclaiming Purpose and Passion. Berkeley, CA: Conari Press, 2000.

Mercer, Dorothy. Injury: Learning to Live Again. Ventura, CA.: Pathfinder Publishing, 1994.

Millman, Dan. The Laws of Spirit: Simple, Powerful Truths of Making Life Work. Tiburon, CA: HJ Kramer Inc, 1995.

Millman, Dan. Sacred Journey of the Peaceful Warrior. Tiburon, CA: HJ Kramer Inc, 1991.

Myss, Caroline. Invisible Acts of Power: Personal Choices that Create Miracles. New York: Free Press, 2004.

Neeld, Elizabeth H. Seven Choices: Finding Daylight After Loss Shatters Your World. New York: Warner Books, 2003.

Nord, David. <u>Multiple AIDS-Related Loss: A Handbook for Understanding and Surviving a Perpetual Fall</u>. Washington, DC: Taylor & Francis, 1997.

Higgins, Gina O. <u>Resilient Adults: Overcoming a Cruel Past</u>. San Francisco: Jossey-Bass Inc. Publishers, 1994.

Pollack, Rachel. <u>The Power of Ritual</u>. New York: Dell Publishing, 2000.

Reeve, Jim. <u>God Never Wastes a Hurt</u>. Lake Mary, FL: Creation House, 2000.

Register, Cheri. <u>Living with Chronic Illness: Days of Patience and Passion</u>. New York: The Free Press, 1987.

Rich, Robert. <u>Cancer: A Personal Challenge</u>. Australian: Anina's Book Company, 2006. www.BobsWriting.com

Scaer, Robert C. <u>The Body Bears the Burden: Trauma, Dissociation. and Disease</u>. Binghamton, NY: The Haworth Medical Press, 2001.

Shapiro, Joseph. <u>No Pity: People with Disabilities Forging a New Civil Rights Movement</u>. New York: Times Books, 1993.

Siegel, Bernie. <u>Peace, Love and Healing: Body Mind Communication and the Path to Self-Healing: An Exploration</u>, New York: Harper & Row Publishers, 1989.

Taylor, Stacy. <u>Living Well with a Hidden Disability: Transcending Doubt and Shame and Reclaiming Your Life.</u> Oakland, CA: New Harbinger Publications, 1999.

Tada, Joni E. <u>Joni : An Unforgettable Story</u>. Grand Rapids, MI: Zondervan, 2001.

Traisman, Enid S. <u>I Remember, I Remember: A Keepsake Journal</u>. Omaha, NE: Centering Corp., 1992.

Volkman, M. <u>Life Skills: Improve the Quality of Your Life with Metapsychology</u>. Ann Arbor, MI: Loving Healing Press, 2005.

Volkman, V. <u>Beyond Trauma: Conversations on Traumatic Incident Reduction</u>. Ann Arbor, MI: Loving Healing Press, 2005

Wolz, Birgit. <u>E-Motion Picture Magic: A Movie Lover's Guide to Healing and Transformation</u>. New York: Glenbridge Publishing Ltd., 2004.

Yancey, Philip. <u>Disappointment with God: Three Questions No One Asks Aloud</u>. Grand Rapids, MI: Zondervan, 1988.

Yancey, Philip. <u>Where is God When it Hurts</u>? Grand Rapids, MI: Zondervan, 1990.

Periódicos

Paraplegic News. www.pvamagazines.com/pnnews/

Sports 'N Spokes Magazine. www.pvamagazines.com/sns

Para Terapeutas Trabajando con Deterioro Físico y Discapacidad

Ader, Robert. Psychoneuro-immunology. Orlando, FL: Academic Press. 1991.

Clark, E., Fritz, J. and Rieker, P. Clinical Sociological Perspectives on Illness & Loss: The Linkage of Theory and Practice. Philadelphia: The Charles Press Publications, 1990.

Cooper, C. and Watson, M. Cancer and Stress: Psychological, Biological, and Coping Studies. New York: John Wiley & Sons, 1991.

Costa, Paul Jr. and VandenBos, G. Psychological Aspects of Serious Illness: Chronic Conditions, Fatal Diseases, and Clinical Care. Washington, DC: American Psychological Assoc, 1990.

Hertman, Sandra. Grief and the Healing Arts: Creativity as Therapy. Amityville, NY: Baywood Publishing Company, 1999.

Margoles, M. and Weiner, R. Chronic Pain: Assessment, Diagnosis, and Management. New York: CRC Press, 1999.

Marinelli, R. and Orto, A.D. The Psychological and Social Impact of Disability. New York: Springer, 1991.

Piper, W., McClallum, M. & Azim, H. Adaptation to Loss Through Short-Term Group Psychotherapy. New York: The Guilford Press, 1992.

Pollin, Irene. Medical Crisis Counseling: Short-Term Therapy for Long-Term Illness. New York: W.W. Norton & Company, Inc., 1995.

Rando, Therese. Treatment of Complicated Mourning. Champaign, IL: Research Press, 1993.

Shapiro, C.H. When Part of the Self is Lost: Helping Clients Heal after Sexual and Reproductive Losses. San Francisco: Jossey-Bass Inc.Publishers, 1993.

Organizaciones De Ayuda

Fundaciones y Asociaciones que Ofrecen Apoyo

American Academy of Allergy, Asthma, and Immunology *(Academia Americana sobre la Alergia, el Asma y la Inmunología)*
611 E. Wells St, Suite 1100
Milwaukee, WI 53202
1-800-822-2762; 414-272-6071
Website: www.aaaai.org
Email: info@aaaai.org

American Cancer Society *(Sociedad Americana contra el Cáncer)*
1599 Clifton Road NE
Atlanta, GA 30329
1-800-227-2345
Website: www.cancer.org

American Chronic Pain Association *(Asociación Americana del Dolor Crónico)*
P.O. Box 850, Rocklin, CA 95677
Tel: 916-632-0922;
Website: www.theacpa.org
Email: acpa@ix.netcom.com

ACPA (por sus siglas en inglés) existe para promover el apoyo entre gente que sufre de dolor crónico y la educación de esta gente y sus familias, para que puedan vivir una vida más plena a pesar del dolor. ACPA también trabaja para generar consciencia entre la comunidad médica, legisladores y el público en general, sobre los asuntos que impactan la vida de las personas que viven con dolor crónico.

American Diabetes Association *(Asociación Americana de la Diabetes)*
P.O. Box 25757, 1660 Duke Street
Alexandria, VA 22314
1-800-232-3472;
Website: www.diabetes.org

American Heart Association *(Asociación Americana del Corazón)*
7272 Greenville Avenue, Dallas, TX 75231
1-800-242-1793; 1-800-AHA-USA1
Website: www.americanheart.org
Email: inquire@americanheart.org

American Liver Foundation *(Fundación Americana De Problemas al Hígado)*
1425 Pompton Avenue,
Cedar Grove, NJ 07009
1-800-223-0179; Tel: 201-256-2550
Fax: 973-256-3214
Website: www.liverfoundation.org
Email: info@liverfoundation.org

Arthritis Foundation *(Fundación de la Artritis)*
1330 West Peachtree Street
Atlanta, GA 30309
1-800-283-7800; Fax: 404-872-8694
Website: arthritis.org
Email: help@arthritis.org

Crohn's and Colitis Foundation *(Fundación de Crohn y Colitis)*
386 Park Avenue South
New York, NY 10016
1-800-932-2423 x 257; Tel: 212-685-3440
Fax: 212-779-4098
Website: WWW.ccfa.org
Email info@ccfa.org

Endometriosis Association International Headquarters *(Sede Internacional de la Asociación de la Endomitriosis)*
8585 N. 76111 Place, Milwaukee, WI 53223
1-800-992-3636; Tel: 414-355-2200; Fax: 414-355-6065
Website: www.endometriosisassn.org
Email: endo@endometriosisassn.org

Job Accommodation Network *(Red de Acomo-
dación de Empleo)*
PO Box 6080, Morgantown, WV 26506-6080
1-800-526-7234
Website: www.jan.wvu.edu
Email: jan@jan.wvu.edu

JAN (por sus siglas en inglés) es un servicio gratuito de consultoría diseñado para incrementar
la empleabilidad de personas con discapacidades.
Ellos proporcionan soluciones individualizadas
a los lugares de trabajo que emplean a personas
con discapacidades, ofreciendo asistencia técnica
sobre la legislación ADA (American´s with Di-
sabilites Act) y otras legislaciones que impactan a
los discapacitados. Ellos también ofrecen un
servicio de información telefónica para personas
discapacitadas, sobre las opciones que existen
para trabajar independientemente.

Lupus Foundation of America *(Fundación
Americana del Lupus)*
2000 L Street, N.W., Suite 710
Washington, DC 20036
1-800-558-0121; 202-349-1155
Fax: 202-349-1156
Website: www.lupus.org
Email: info@lupus.org

**National Chronic Pain Outreach Associa-
tion** *(Asociación Nacional de Extensión para pa-
cientes con Dolor Crónico)*
7979 Old Georgetown Road, Suite 100
Bethesda, MD 20814
Tel: 301-652-4948;
Website: www.chronicpain.org;
Email mcp04@aol.com

La misión de la NCPOA (por sus siglas en
inglés) es la de disminuir el sufrimiento de las
personas que sufren de dolor crónico, a través
de la educación de pacientes, personal médico,
trabajadores de la salud, y el público en general
sobre lo que es el dolor crónico y su manejo.
Ellos también tienen un servicio de referencia a
un grupo de acción local.

National Headache Foundation *(Fundación
Nacional sobre la Jaqueca)*
428 W. St. James Place, Chicago, IL 60614
1-800-843-2256; Fax: 773-525-7357
Website: www.headaches.org

National Multiple Sclerosis Society *(Sociedad
Nacional de Esclerosis Múltiple)*
733 Third Avenue, 6th Floor
New York, NY 10017-3288
1-800-344-4867; Tel: 212.986.3240
Fax: 212-986.7981
Website: www.nmss.org
Email: info@nmss.org

Paralyzed Veterans of America *(Veteranos Paralíticos de America)*
Se ofrece información y publicaciones en una
variedad de temas a veteranos y otras personas
con traumatismo o enferemedad a la médula
espinal.
801 Eighteenth Street NW
Washington, DC 20006
1-800-424-8200
Website: www.pva.org
Email: info@pva.org

Sickle Cell Disease Association of America
*(Asociación Americana de la Anemia de la Célula
Falciforme)*
200 Corporate Pointe, Suite 495
Culver City, CA 90230
1-800-421-8453
Website: www.sicklecelldisease.org;

Organizaciones Deportivas que Prestan Apoyo

Deportes para Personas con Amputaciones

Disabled Sports USA *(Deportes para Discapacitados USA)*
Web: www.dsusa.org
Phone 301-217-0960

DS/USA (por sus siglas en inglés) ofrece en toda la nación programas de rehabilitación por medio del deporte, a cualquier persona con una discapacidad permanente. Las actividades incluyen esqui invernal, esquí acuático, competencias de verano e invierno, preparación física y eventos de deportes especiales. Los participantes son personas con perdida de visión, amputaciones, daño a la médula espinal, enanismo, esclerosis múltiple, traumatismo craneano, parálisis cerebral, y otras condiciones neuromusculares y ortopédicas.

Como miembro del Comité Olimpico de los Estados Unidos, DS/USA sanciona y conduce competencias y campos de entrenamiento para preparar y seleccionar atletas para representar a los Estados Unidos en los Juegos Paralímpicos de Verano y de Invierno.

Lakeshore Foundation *(Fundación Lakeshore)*
Web: www.lakeshore.org;
Email: susank@lakeshore.org
Phone: 205-313-7400

La Fundación Lakeshore promueve la independencia de personas con condiciones de discapacidad física y oportunidades para que estas tengan vidas activas y sanas. En febrero del 2003 el Comité Olimpico de Estados Unidos (USOC) designó a la Fundación Lakeshore como la primera sede oficial USOC en la historia, para el entrenamiento de deportes olímpicos y paralímpicos

National Amputee Golf Association *(Asociación Nacional de Golf para Personas con Amputaciones)*
Web: www.nagagolf.org;
Email: b1naga@aol.com
Phone: 800-633-6242

Actualmente NAGA (por sus siglas en inglés) tiene más de 2.000 miembros en los Estados Unidos y alrededor de 200 jugadores de otros 17 paises. Además de su torneo nacional NAGA organiza eventos para jugadores de tercera edad y auspicia torneos locales y regionales por todo el país. El programa Golf para la Persona con Desafíos Físicos ha permitido que muchos se den cuenta por primera vez, que pueden jugar al golf y divertirse con un deporte al aire libre. En 1989, NAGA trajo su programa First Swing a Hospitales y centros de rehabilitación por todo Estados Unidos.

Archery/Arco y Flecha
Disabled Archery USA
Web: www.disabledArcheryUSA.org;
Email: disabledarcheryusa@comcast.net

Wheelchair Sports USA *(Deportes en Silla de Ruedas USA)*
Vea la descripción en p..

Basketball/Baloncesto
Canadian Wheelchair Basketball Association *(Asociación Canadiense de Baloncesto en Silla de Ruedas)*
Web: www.cwba.ca;
Email: cwba@cwba.ca

International Wheelchair Basketball Association *(Asociación Internacional de Baloncesto en Silla de Ruedas)*
Web: www.iwbf.org;
Email: morchard@mts.net

National Wheelchair Basketball Association *(Asociación Nacional de Baloncesto en Silla de Ruedas)*
Web: www.nwba.org;
Email: kingbee@bellsouth.net

Billares

National Wheelchair Poolplayer Association, Inc. *(Asociación Nacional de Jugadores de Billar en Silla de Ruedas, Inc.)*
Web: www.nwpainc.org;
Email: charlie@nwpainc.org

Bolos

American Wheelchair Bowling Association *(Asociación Americana de Bolos en Silla de Ruedas)*
Web: www.awba.org;
Email: bowlawba@aol.com

Esgrima

United States Fencing Association *(Asociación de Esgrima de los Estados Unidos)*
Web: www.usfencing.org;
Email: info@usfencing.org
The USFA is the national governing body for wheelchair fencing

Aviación

Freedom's Wings Internacional *(Alas de Libertad Internacional)*
Web: www.freedomswings.org
Email: murph771@bellatlantic.net

International Wheelchair Aviators
Web: www.wheelchairaviators.org
Email: IWAviators@aol.com

Football/Football Americano

Universal Wheelchair Football Association *(Asociación de Fútbal en Silla de Ruedas Universal)*
http://dept.kent.edu/stuorg/AUWorld/UWF.html
Email: John.Kraimer@UC.Edu

Golf

US Golf Association *(Asociación de Golf de Estados Unidos)*
Web: www.usga.org
http://www.usga.org/playing/rules/golfers_with_disabilities.html
The USGA is the national governing body for wheelchair golfing

National Amputee Golf Association *(Asociación Nacional de Golf para Personas con Amputaciones)*
Vea la descripción en p. **Error! Bookmark not defined.**.

Bicicleta de Mano

US Handcyling Federation *(Federación de Bicicleta de Mano de Estados Unidos)*
Web: www.ushf.org
Email: info@ushf.org

Juntarse con un grupo de ciclistas y salir para hacer ciclismo en grupo es una buena manera de aprender más sobre el deporte, saber de oportunidades para hacer ciclismo, y aprender sobre el maravilloso arte de ir en la succión de aire de un compañero ciclista ("drafting").

Hockey

Canadian Electric Wheelchair Hockey Association *(Asociación Canadiense de Hockey en Silla de Ruedas Motorizada)*
Web: www.geocities.com/cewha/
Email: daube@whitecapcanada.com

US Sled Hockey Assocation *(Asociación de Jockey en trineo de Estados Unidos)*
Web: www.sledhockey.org
Email:craig@sledhockey.org

Jockey en trineo es una versión veloz y emocionante de este deporte, usada principalmente por personas con impedimentos de movilidad. El juego es escencialmente igual a cualquier otro de jockey en el hielo, con la gran diferencia que todos los jugadores están sentados en un trineo que bajo del asiento tiene dos patines de jockey.

Equitación

North American Riding for the Handicapped Association *(Asociación Norte Americana de Equitación para Personas con Discapacidades)*
Web: www.narha.org
Email: NARHA@NARHA.ORG

NARHA (por sus siglas en inglés) promueve actividades con caballos que benefician a individuos con discapacidades emocionales, físicas, o de aprendizaje. Se ha comprobado que para estos individuos la participación en actividades utilizando caballos ayudan a mejorar el tono muscular, el equilibrio, la postura, la coordinación, el desarrollo motor y el bienestar emocional.

National Disability Sports Alliance *(Alianza Nacional de Deportes de Discapacitados)*
Web: www.ndsaonline.org
Email: diavolio@ndsaonline.org

La competencia es el método de adiestramiento. La mayoría de las discapacidades califican. El equitador tiene su propio sistema de clasificación. Existen cuatro grados para jinetes en base a su funcionalidad.

Backcountry Discovery *(Descubriendo el Campo)*
Web: www.backcountrydiscovery.org
Email: mailto:bcd@frii.com

Deportes Múltiples

Adaptive Adventures *(Aventuras Adaptivas)*
Web: www.adaptiveadventures.org
Email: info@ushf.org

Casa Colina Adaptive Sports and Outdoor Adventures *(Casa Colina de Deportes Adaptivos y Aventuras al Aire Libre)*
Web: www.casacolina.org
Email: rehab@casacolina.org

Ejemplos de las actividades de este programa incluyen acampar, trineo tirado por perros, ciclismo, pesca, observación de ballenas, excursiones a caballo, jet ski, ski en la nieve y rafting.

Disabled Sports *USA (Deportes para Discapacitados USA)*
Ver descripción en p.

Wheelchair Sports USA *(Deportes de Silla de Ruedas USA)*
Web: www.wsusa.org
Email: wsusa@aol.com

Una organización dedicada a facilitar eventos de competencia deportiva, que incluye arco y flecha, atletismo, tiro al blanco, natación, tenis de mesa, y levantamiento de pesas.

World T.E.A.M. Sports
Web: www.worldteamsports.org
Email: info@worldteamsports.org

Deportes de Cuadrapléjicos

Bay Area Outreach & Recreation Program *(Programa de Recreación y Extensión del Área de la Bahia)*
Web: www.borp.org
Email: borp@borp.org
BORP (por su sigla en inglés) ofrece en el área de la bahía de San Francisco programas de deportes competitivos, así como aventuras al aire libre, paseos para familias y ciclismo integrado.

US Quad Rugby Association
Web: www.quadrugby.com
Email: usqra@quadrugby.com

Tiro al Blanco

PVA National Trapshoot Circuit *(Circuito Nacional de Trapshoot PVA)*
Web: www.pva.org
Email: wpva@biggamehun4nggear.com or GeoffH@pva.org
Auspiciado por diferentes sucursales de la organización Paralyzed Veterans of America (Veteranos Paralíticos de Estados Unidos) para hombres y mujeres que son principiantes, novicio, veteranos, civiles, que están en silla de ruedas o no.

Esquí

Disabled Sports *USA (Deportes para Discapacitados USA)*
Vea descripción en p. 94

Ski For All Foundation *(Fundación Esquí para Todos)*
Web: www.skiforall.org
Email: info@skiforall.org

Ski For Light (Alpine)
Web: www.sfl.org
Email: info@sfl.org

Tenis

International Tennis Federation (Wheelchair Dept.) *(Federación Internacional de Tenis-departamento Sillas de Ruedas)*
Web: www.itftennis.com
Email: wheelchairtennis@ itftennis.com

US Tennis Association *(Asociación de Tenis de EEUU)*
Web: www.usta.com, pinche en *USA Wheelchair Tennis*

Recreación y Deportes Acuáticos

Abili-Ski Adaptive Watersports *(Deportes acuáticos adoptivos Abili-ski)*
Web: www.abili-ski.com
Email: chris@abili-ski.com

Access To Sailing *(Acceso a la Navegación)*
Web: www.accesstosailing.org
Email: info@accesstosailing.org

Adaptive Aquatics *(Actividades Acuáticas Adaptivas)*
Web: www.adaptiveaquatics.org
Email: info@adaptiveaquatics.org

Anchors Away, Dept of Neurology *(Departamento de Neurología Anchors Away)*
Contact Dave Sewell, sewelldh@musc.edu
843-7920721

Disabled Sailing Holidays *(Feriados de navegación para discapacitados)*
Web: www.disabledsailingholidays.com
Email: dryachting@hotmail.com

Handicapped Scuba Association *(Asociación de buceo (scuba diving) para discapacitados)*
Web: www.hsascuba.com
Email: hsa@hsascuba.com

U CanSki 2 *(juego de palabras que expresa "usted puede esquiar también")*
http://ucanski2.tripod.com/1.html
Email: Annsitski@aol.com

US Rowing Association
Web: www.usrowing.org
Email: members@usrowing.org

USA Waterski
Web: usawaterski.org

Wheelchair Sports USA / Swimming
Web: www.wsusa.org, click on *Disabled*
Email: wsusa@aol.com

Levantadores de Pesas

US Wheelchair Weightlifting Foundation *(Fundación de Levantadores de Pesas en Silla de Ruedas de Estados Unidos)*
Phone: 215-945-1964

ÍNDICE